해외구매대행으로
평생 돈 벌기

n잡러시대 부캐로
방구석에서 투잡하기

해외 구매대행으로 평생 돈 벌기

이준열 · 기대원 지음

RITEC CONTENTS

CONTENTS

CHAPTER 4 마진을 높여주는 제품 수익구조 분석작업

CHAPTER 5 제품 이미지 및 동영상 구해오기(프로그램 정보)

CHAPTER 6 잘 팔리는 상품 찾기

CHAPTER 7 스마트스토어에 제품 등록-직접 따라 하기

CHAPTER 8 광고 및 간단한 마케팅 방법

CHAPTER 9 판매 후 제품 전달 과정

CHAPTER 10 제품 전달 후 CS 처리 방법

CHAPTER 11 그 외 마케팅 기법 및 다른 사업으로의 확장

PROLOGUE

n잡이란 다수를 뜻하는 'n'과 직업을 뜻하는 영어 'job'의 합성어로, 본래의 직업뿐만 아니라 다양한 n개의 직업을 가지고 활동하는 것을 말합니다. n잡은 요즘 젊은 직장인들의 화두인 파이어족(조기 은퇴족), 디지털 노마드, 부캐 등의 키워드와 맞물려 더욱 뜨겁게 달아오르고 있는 듯합니다.

코로나 팬데믹으로 발생한 고용의 불안 및 환경의 변화, 부동산 가격 상승률 대비 낮은 임금 등 본업의 임금만으로 해결되지 않는 경제적 불안감이 만연하고 있습니다. 이를 해소하기 위해 많은 직장인들이 지금 n잡에 뛰어들고 있습니다. 그 이유는, 중위 소득 가구가 서울에서 중간 가격대 집을 사려면 월급을 한 푼도 쓰지 않아도 평균 16.8년이 걸린다는 조사 결과와도 무관치 않습니다. 월급을 모아서 자산을 늘리는 고전적인 방식으로는 더 이상 불가능한 시대가 되어버렸다는 뜻입니다. 즉, 이제는 다양한 수입원, '돈의 파이프라인'을 늘려야만 생존이 가능한 시대입니다.

하지만 이 'n잡'이 본업에 무리가 가는 규모여서는 안 됩니다. 업무의 주객전도 현상이 일어나면 둘 중 어느 하나도 제대로 해내지 못하는 상황이 올 수 있습니다. 또한 소득 확대를 위해 시작하는 일에 자본금이 많이 들거나, 자기투자원금을 잃는 등 리스크가 크다면 시작하기 두려워지겠죠.

이러한 상황에서 n잡에 도전하고 싶어 하는 입문자들에게 가장 추천하는 잡(job)은 바로 해외구매대행 비즈니스입니다. 해외구매대행의 경우 거의 제로에 가까운 자본금으로 누구나 시작할 수 있으며, 자본금을 잃을 리스크가 없는 비즈니스입니다. 또한, 업무에 필요한 노트북과 작업공간만 있으면 어디에서든 일할 수 있는, 이른바 '디지털 노마드'가 될 수 있는 아이템이기도 합니다.

여러분은 이 책을 어떻게 선택하게 되셨나요? 해외구매대행이 궁금해서? n잡을 시작해 보고 싶어서? 아마 대다수의 판매자는 '돈'을 벌 수 있는 방법을 알고 싶어서 선택했을 것입니다. 필자는 수년 동안 많은 수강생들을 대상으로 해외구매대행 사업 강의를 진행하였으며, 수강생에 따라 월 수십만 원에서 수천만 원까지, 순이익의 차이는 상당히 크지만 이 중 한 명도 빠짐없이 매출이 발생하여 '돈'을 벌었습니다.

이 책은 경제적 불안감을 해소하기를 원하며, 새로운 도전을 꿈꾸는 현대인을 위한 'n잡 입문서'입니다. 누구나 따라 할 수 있도록 11가지 주제로 해외구매대행 비즈니스에 대하여 설명하고 있습니다. 독자 여러분은 이를 통해 해외구매대행이 어떤 비즈니스인지 정확히 이해하고, n잡러로서 새로운 도전을 할 수 있을 것입니다.

저자 이준열/기대원

이 책 사용설명서

- 〈해외구매대행으로 평생 돈 벌기〉는 최신 트렌드 기법을 다룬 도서입니다. NAVER 및 타 IT 기업들의 정책 및 방향은 하루가 다르게 변모하고 있습니다. 이러한 정책 및 메뉴의 변경, 삭제, 추가에 빠르게 대응하고, 책이라는 단점을 보완하기 위해 중요사항에 대해 본문을 업데이트 할 수 있게 하였습니다.

아래 QR 코드나 링크에 접속하면, 책 본문의 변경된 사항 및 추가 정보를 실시간으로 확인할 수 있습니다.

〈**QR**코드 확인 방법〉

1. 스마트폰을 꺼낸다.
2. **QR** 코드 인식 무료 어플을 다운받는다.
3. 어플 구동 후 **QR** 코드를 인식한다.
4. 해당 페이지로 이동한다.

〈연결 주소로 직접 접속 방법〉

스마트폰이 없는 경우 주소창에 직접 주소를 입력하여 접속할 수 있다.
주소창에 **http://fabook.modoo.at** 입력 후 접속한다.

- 본 도서를 읽다가 내용이 이해되지 않거나, 책 설명대로 했는데도 결과에 오류가 나는 경우

1. 〈해외구매대행으로 평생 돈 벌기〉를 다시 정독한다.
2. "친절한 저자씨"에게 이메일로 문의한다.

이준열 ljyeol2020@gmail.com
기대원 skrleodnjs@naver.com

CHAPTER 1

해외 구매대행이란?

1-1 해외구매대행 사업이 왜 서비스업인가?

1-2 해외구매대행 사업의 수익은 어떻게 발생하는가?

1-3 해외구매대행 사업의 장점과 단점은 무엇인가?

1-4 해외구매대행 사업은 누가 하면 좋을까?

1-5 해외구매대행 국가를 선정하지 않아도 되는 이유

1-1

해외구매대행 사업이 왜 서비스업인가?

국내 온라인 쇼핑몰에 해외 온라인 상품을 올리고 판매되면 해당 상품을 구매하여 고객에게 전달해 주는 사업. 이 사업이 바로 해외구매대행 사업입니다.

언뜻 보기에는 국내에서 쇼핑몰을 운영하는 것처럼 보이기 때문에 일반 온라인 쇼핑몰과 크게 다르지 않아 보입니다. 이러한 이유에서 많은 판매자가 해외구매대행 사업도 일반 온라인 쇼핑몰과 같은 도 · 소매업으로 착각하곤 합니다.

하지만, 해외구매대행 사업은 엄연히 서비스업으로 분류됩니다. 즉, 해외구매대행 사업은 제품을 판매하는 것이 아니라, 대신 구매해 주는 사업입니다. 이러한 이유에서 해외구매대행 사업은 서비스업으로 분류되어 있습니다.

그러면 정확히 해외구매대행 사업은 고객에게 어떤 서비스를 제공하는 걸까요?

'해외구매대행 사업이란 해외직구(직접구매)가 어려운 사람을 대신하여 해외상품을 구매하고 전달까지 대행으로 해 주는 서비스업'을 말합니다.

여기서 우리가 어떤 서비스를 제공하는지 알 수 있습니다. 고객을 대신해 해외상품을 구매하고 전달해 주는 서비스. 이 서비스를 고객에게 제공하는 것입니다. 더 쉽게 이야기하면, 직구, 이 해외상품 직접구매를 대신해 주는 것이 서비스 제공 부분이라고 보면 됩니다.

그렇다면, '정말 직구만 할 수 있으면 나도 해외구매대행이라는 사업을 할 수 있을까'라는 생각이 스쳐 지나갈 겁니다.

네. 맞습니다. 하지만 직구를 한 번도 해 보지 않은 사람이라면 직구 과정이 매우 어렵게 다가옵니다.

다음은 해외직구 과정을 나열한 것입니다. 요즘은 마우스 클릭 두 번, 스마트폰 화면터치 두 번이면 구매 가능한 온라인 세상인데, 해외직구는 나열되어 있는 과정이 8단계나 됩니다.

해외직구 과정

① 해외 쇼핑몰 직접 구매 및 결제
⇒ ② 쇼핑몰에서 배송대행 업체로 배송
⇒ ③ 배송대행 업체에서 구매 물품 수령
⇒ ④ 배송대행 업체에서 무게 측정 및 배송료 책정
⇒ ⑤ 구매자 해외 배송비 결제
⇒ ⑥ 한국으로 배송
⇒ ⑦ 통관
⇒ ⑧ 구매자 수령

분명 해외직구는 저렴한 상품, 새로운 제품을 구매할 수 있어도 처음하는 사람에게는 어렵고 복잡합니다. 대신 이 어렵고 복잡함을 해결해 주면 훌륭한 사업이 됩니다.

다시 한번 강조하면 고객이 불편한 부분을 해외구매대행업체가 해결해 주는 사업/서비스업. 이것이 바로 해외구매대행 사업입니다.

다음으로는 해외구매대행이 서비스업으로 분류됨으로써 얻는 이점에 대해서 알아보겠습니다.

해외구매대행이 서비스업으로 분류되면서 두 가지 이점이 생깁니다. 첫 번째 이점은 세무상 이점, 두 번째는 법리상 이점입니다.

첫 번째, 세무상 이점입니다.

해외구매대행으로 1만 원의 제품이 판매되었을 경우 매출액은 얼마일까요? 제품가격 그대로 1만 원일까요?

해외구매대행은 서비스업으로 분류되기 때문에 판매액인 1만 원이 매출액이 아닙니다. 해외구매대행의 매출액은 구매대행 서비스 수수료입니다. 이 서비스 수수료는 판매액에서 해외제품금액 그리고 해외배송비를 뺀 부분을 이야기합니다. 실제 순수익하고 비슷한 개념입니다.

따라서 1만 원의 제품을 팔더라도 해외제품이 3천 원 그리고 해외배송비 5천 원일 경우, 이 두 비용을 뺀 서비스 제공액 2천 원이 해외구매대행의 매출로 집계됩니다. 이럴 경우 일반사업자라면 부가가치세로 200원을 납부하게 되며, 간이과세자의 경우에는 60원을 납부하게 됩니다.

부가가치세란 사업으로 만들어낸 부가가치에 붙는 세금을 이야기합니다. 일반과세자의 경우 매출액의 10%, 간이과세자의 경우는 1~3%를 납부해야 합니다. 여기서 간이과세자는 연매출 8,000만 원 이하의 개인사업자에게 주어지는 혜택입니다.

간이과세자의 경우 매출액의 1~3%만 부가가치세로 납부하면 됩니다. 따라서 매출액이 낮게 잡히면 간이과세자를 오랫동안 유지할 수 있고, 간이과세자가 오래 유지될 경우 부가세를 낮출 수 있게 됩니다.

따라서 판매가가 매출액인 일반 온라인 도소매업에 비해 매출액이 낮게 잡히고, 이로써 간이과세자의 혜택을 많이 받을 수 있게 됩니다.

요약하면 해외구매대행 사업은 서비스업으로 분류되기 때문에 매출이 순익과 비슷하게 잡혀 순익 8,000만 원 이하의 사업자들은 부가가치세에서 혜택을 받을 수 있으므로 도소매사업에 비해 세금을 적게 낼 수 있습니다.

두 번째, 법리상 이점입니다.

도소매업일 경우, 제품에 대한 소유권이 명확히 판매자에게 있습니다. 따라서 제품에 문제가 있을 시 책임소지가 명확하게 판매자에게 넘어갑니다. 하지만 구매대행은 서비스업으로 분류되어 제품에 대한 소유권이 모호해집니다. 구매대행 업체는 제품을 소유하여 판매하는 것이 아니라 해외에 있는 제품을 대신 구매하여 전달해 주는 역할을 하기 때문입니다. 따라서 큰 이상이 아니라면, 제품의 책임 소재에서 벗어날 가능성이 높습니다.

이제 해외구매대행 사업이 무엇인지 그리고 왜 서비스업인지, 서비스업으로 분류되어 어떤 이득이 생기는지 이해되셨을 것입니다.

그러면 다음은 해외구매대행 사업의 수익이 어디서 발생하는지와 해외구매대행 사업의 수익구조 등에 대하여 조금 더 자세히 알아보겠습니다.

1-2

해외구매대행 사업의 수익은 어떻게 발생하는가?

가장 중요한 이 사업의 수익구조 부분입니다.

해외직구를 대신해 줌으로써 과연 건당 얼마를 벌 수 있을까요? 5%? 10%?

보통은 제품당 20~25%의 수수료를 책정하고 있지만, 더욱 정확한 대답은 '제품마다 다르다'입니다.

오프라인 수강생 중 한 달 판매액이 약 1억 원인 판매자가 있습니다. 이 판매자의 판매순익은 얼마일까요? 월 순익은 바로 약 2,500만 원입니다. 순익율은 약 25%이죠.

그러면 다른 수강생에 예를 들어보겠습니다. 한 달 판매액 830만 원의 수강생의 순익은 얼마였을까요? 월 순익은 바로 약 300만 원입니다. 순익율은 약 35%이죠.

한 수강생의 순익율은 25%, 다른 수강생의 순익률은 35%. 큰 차이가 있습니다. 이렇게 차이가 발생하는 이유는 해외구매대행은 제품마다 수수료 수익이 천차만별이기 때문입니다.

직접 판매했던 제품을 예시로 살펴보겠습니다.

A제품은 배송비를 합쳐 국내에서 67,500원에 판매되고 있었습니다. 해당 상품은 리뷰도 많고 실제 많이 팔리고 있던 제품입니다. 이 제품을 중국사이트인 타오바오(Taobao)에서 찾아보니 150위안, 한화로 약 26,000원에 판매되고 있었습니다. 중국에서 해외직구를 할 경우 해외 배송비를 합쳐 31,200원이면 구매할 수 있었습니다. 국내에 이미 들어와 있는 제품을 사는 것보다 직구를 하면 36,300원이나 저렴하게 구매할 수 있었던 상황입니다.

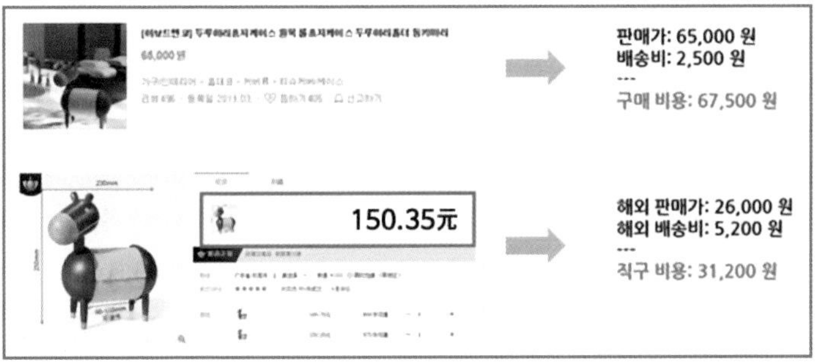

이러한 상황을 확인 후, 바로 스마트스토어에 같은 상품을 해외구매대행 상품으로 올렸습니다. 가격은 30,800원/배송비는 15,000원 총합 45,800원 가격에 제품을 올린 것입니다. 해당 제품은 하나가 판매될 때 네이버 수수료 및 기타 비용을 제외하기 전 기준으로, 수수료 수익이 14,600원이었으며, 마진율은 32%였습니다. 이 제품은 당시 약 400만 원의 순수익을 냈습니다.

다음 예시입니다.

B제품은 해외구매대행으로만 판매되고 있었던 제품입니다. 해당 제품 역시 국내에서 소비자들에게 인기가 많았던 상품이었습니다. 하지만, 경쟁도 심했던 상품이죠. 당시 해당 상품의 평균 시장가는 36,000원이었으며, 저는 해외구매대행으로 35,620원에 판매하였습니다. 해당 상품의 해외구매가 및 배송료 총합은 32,880원으로 한 개를 팔면 2,740원의 순익이 남는 상황이었습니다. 마진율은 8%. 앞서 마진율이 30% 이상이었던 것에 비하면 아쉽게도 상당히 낮았습니다.

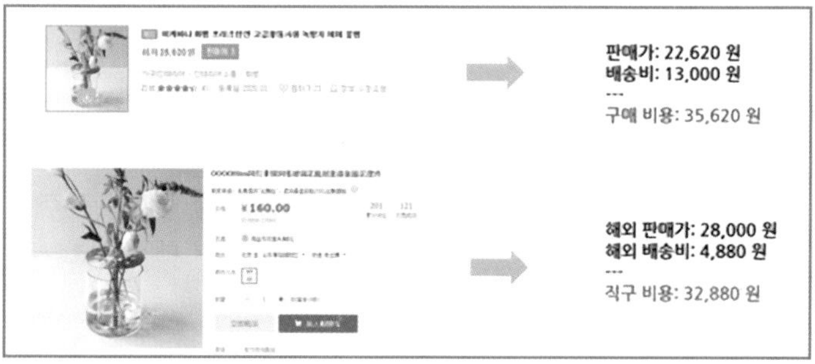

해외구매대행 사업은 앞서 예시처럼 판매하는 상품 카테고리마다 그리고 상품마다 마진율이 천차만별입니다. 경쟁이 적은 상품군은 마진율이 100%가 넘는 상품도 있으며, 경쟁이 심한 상품군은 마진율이 10% 이하도 많습니다.

소소한 팁 가구 및 인테리어소품 카테고리는 마진율 높은 상품이 적습니다. 이유는 처음 구매대행하는 판매자가 가장 많이 도전하는 분야가 가구 및 인테리어 소품이기 때문입니다. 그래서 가구 및 인테리어 소품 시장에서 판매할 상품을 찾기보다 다른 카테고리 시장에서 다양한 상품들을 찾길 바랍니다.

다음은 실제 예시가 아닌 세부적인 해외구매대행 사업의 수익구조입니다.

일반적인 해외구매대행 수익구조

(상품 판매가 + 배송료) – (제품 구입가 + 관부가세 + 해외 배송비 + 오픈마켓 수수료 + 부가가치세) = 최종 수익

해외구매대행 사업은 해외직구로 사는 것이 더 저렴한 상품을 찾아 쇼핑몰에 업로드하여 판매되었을 때 해당 상품을 대신 구매해 주는 사업입니다.

해외직구로 사는 것이 더 저렴한 상품을 찾는 과정이 제품소싱 과정이며, 제품소싱을 했으면 해당 상품을 쇼핑몰에 등록하면 됩니다. 쇼핑몰에 등록된 상품이 고객에 판매되었을 때, 사업자는 고객명의로 해당 상품을 해외쇼핑몰에서 대신 구매하여 전달하고, 여기에서 수수료 수익을 얻어가게 됩니다.

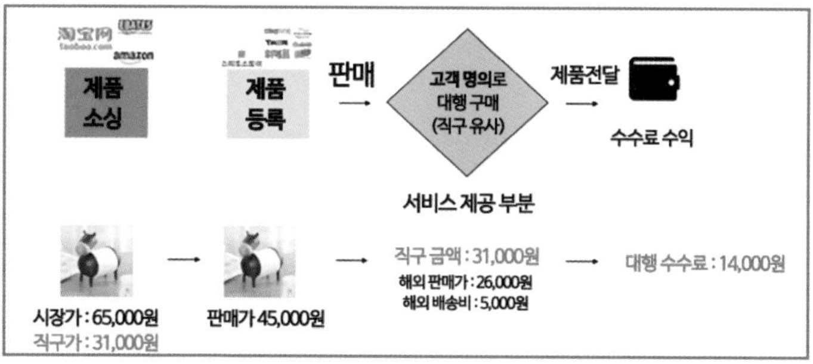

그림을 보면서 설명하겠습니다. 제품소싱 단계에서 한국에서의 시장가와 직구를 통해서 구매할 수 있는 가격을 확인하여, 마진이 있는 제품을 찾습니다. 앞서 예시로 들었던 상품인데요. 국내에서 65,000원에 판매되고 있었고, 직구가격은 31,000원이었습니다. 이런 제품을 찾았으면 수수료 수

익을 더한 다음 제품을 스마트스토어나 쿠팡 같은 오픈마켓에 올립니다. 예시에서는 판매가 45,000원에 업로드하였습니다.

그 이후 제품이 45,000원에 팔리게 되면, 31,000원의 비용으로 해외구매를 해 주고, 나머지 14,000원을 수익으로 가져가면 됩니다.

물론 실제 수익은 쇼핑몰 수수료와 세금을 제외해야 하고 광고를 집행할 경우 광고비도 함께 제외해야 합니다.

실제 예시처럼 판매할 경우, 고객은 국내가격보다 20,000원 싸게 구매하여서 좋고, 판매자인 구매대행업자도 수수료 수익이 14,000원이 생겨서 좋고, 고객과 판매자 모두 윈-윈인 사업 구조입니다.

그런데 여기서 한 가지 의구심이 들 수 있습니다. 왜 직구가 왜 국내 제품보다 저렴하고, 해외구매대행 상품이 국내 제품보다 저렴할 수 있을지.

해외직구, 해외구매대행 상품이 국내 유통되고 있는 상품보다 저렴할 수 있는 두 가지 이유가 있습니다.

첫 번째, 관부가세에 대한 이유

두 번째, 유통구조에 대한 이유

첫 번째로 관세 및 부가세의 이유입니다.

해외에 있는 제품을 국내에 유통하기 위해 내야 하는 세금을 이야기합니다.

관세는 수입되는 상품 중 세관을 통과하는 화물에 부과되는 세금입니다. 즉, 해외에서 국내로 들어오는 상품에 붙는 세금이죠. 해당 세율은 상품마다 다르나 통상 8% 정도 됩니다. 부가세는 수입 물품 구매 금액 및 관세에 대한 부가가치세를 의미하며, 국내에 들어오는 가격의 10%가 붙습니다. 관부가세는 정확히 18%는 아니지만, 일반적으로는 해외 제품이 국내에 들어오는 가격의 18%가 관부가세라고 통용됩니다.

판매를 목적으로 상품을 수입한다면, 제품 한 개를 가져와도 18%의 관부가세가 붙습니다. 하지만 개인이 상품을 사용할 용도로 수입할 경우에는 미국의 경우 200달러 이하, 그 외 지역은 150달러 이하의 제품에는 관부가세가 붙지 않습니다.

이제 조금 해외직구와 해외구매대행 상품이 왜 저렴할 수 있는지 감이 오시나요? 앞서 예시를 들었던 제품을 중국에서 수입하여 국내에서 판매한다고 가정해 보겠습니다. 해외 원가가 31,000원일 경우에 판매를 목적으로 수입할 경우, 관부가세가 5,580원이 붙습니다. 그리고 국내에 있는 창고까지의 배송으로 해외 배송비가 한 번 더 발생하고, 재포장비용, 마케팅비용 등 여러 기타 비용이 또 한번 발생합니다. 이 모든 비용을 합하면 실제 해외 원가 31,000원의 제품이 국내로 들어오면 원가가 40,000원 이상이 되어버립니다. 하지만 개인용도로 직구나 해외구매대행으로 전달만 한다면 관부가세와 국내 배송비는 따로 붙지 않게 되죠.

즉, 소량의 제품을 국내로 들여온다면 직구나 구매대행은 관부가세 때문에 저렴해질 수밖에 없습니다. 해외구매대행 사업은 개인사용 용도의 제품을 대리로 구매하여 전달해 주는 사업이기 때문에 당연히 관부가세가 면제됩니다.

두 번째로 국내 유통구조에 대한 이유입니다.

일반적으로 수입하여 판매되는 상품의 경우 소비자에게 상품이 도달하기까지 중국 바이어로부터 3개의 유통 업체가 붙게 됩니다. 가장 먼저 해외에서 국내까지 제품을 전달하는 과정에서 몰테일 업체, 두 번째로 해외에서 대량으로 상품을 구매한 도매업체, 마지막으로 해당 상품을 소비자에게 판매하는 소매업체. 이렇게 총 3개의 유통업체가 붙게 되는 것입니다. 이렇게 상품에 다양한 유통업체가 붙게 되면 해외 원가에서 판매가가 늘어날 수밖에 없습니다.

해외에서 국내까지 상품을 전달해 주는 몰테일의 경우 통상 원가의 10% 이상의 수익을 얻어가며, 해외에서 국내로 상품을 구매한 도매업체의 경우 통상 30%의 마진을 붙여 소매상에게 판매합니다. 소매상 역시 소비자들에게 도매가의 20% 이상의 마진을 붙여 판매하게 되며, 이 과정에서 소비자 가격은 올라가게 되는 것이죠.

각 유통단계에 있는 업체들은 마진을 남기기 위해 사업을 하는 것이니 어쩔 수 없이 소비자 가격이 계속 올라가는 구조인 것입니다.

반면, 해외직구의 경우에는 유통과정이 단 한 번으로 줄어들게 됩니다. 또한 해외구매대행 상품의 경우 유통과정이 두 번으로 일반 소비자 상품보다 유통단계가 짧아져 가격이 저렴할 수 있게 됩니다.

두 가지를 다시 요약하면 해외구매대행 사업은 150달러 이하의 제품은 관부가세가 붙지 않으며, 유통상 중간에 수익을 남겨야 하는 업체가 없기 때문에 고객에게 저렴한 가격으로 제품을 전달해 줄 수 있습니다. 이로써 구매대행 사업자는 수익을 얻을 수 있습니다.

지불해야 할 항목

1. 배송료

고객에게 청구되는 배송요금

2. 관부가세

해외에 있는 제품을 국내에 유통하기 위해 내야 하는 세금으로 **150**달러 이하(미국의 경우 **200**달러 이하)의 제품에는 관세 및 부가세가 부과되지 않습니다.

3. 오픈마켓 판매 수수료

11번가, 티몬, 옥션, G마켓 등 오픈마켓의 수수료: 보통 판매가의 약 10~12%

네이버 스마트스토어: 판매가의 약 5~10%

4. 부가가치세

판매액이 아닌 구매대행 수수료의 10%

1-3

해외구매대행 사업의 장점과 단점은 무엇인가?

여러분들은 이 책을 읽기 전 해외구매대행 사업에 대해서 어떻게 이해하고 있었나요? 무자본, 무재고의 사업?

장소의 구애 없이 사업을 진행할 수 있고, 해외 쇼핑몰 상품을 그대로 전달하는 사업이기 때문에 재고도 필요 없습니다. 더불어 인터넷이 되는 컴퓨터만 있다면 할 수 있는 사업이기 때문에 어떤 장소에서도 가능합니다.

그런데 정말 해외구매대행 사업은 이렇게 좋은 점만 있을까요? 아닙니다. 어떤 사업이든 장점과 단점이 있습니다. 그리고 해외구매대행 사업은 다른 사업에 비해 장점과 단점이 더욱 명확합니다.

우선 해외구매대행의 장점부터 살펴보겠습니다.

해외구매대행 사업의 장점

- 판매 후 자금이 돌기 때문에 안전한 사업
- 재고가 없는 사업
- 적은 자본금으로 시작할 수 있는 사업
- 시간적 · 위치적 제약이 없는 사업
- 판매할 수 있는 항목의 제약이 적은 사업
- 돈을 벌면서 온라인사업을 배울 수 있는 사업

① 판매 후 자금이 돌기 때문에 안전한 사업

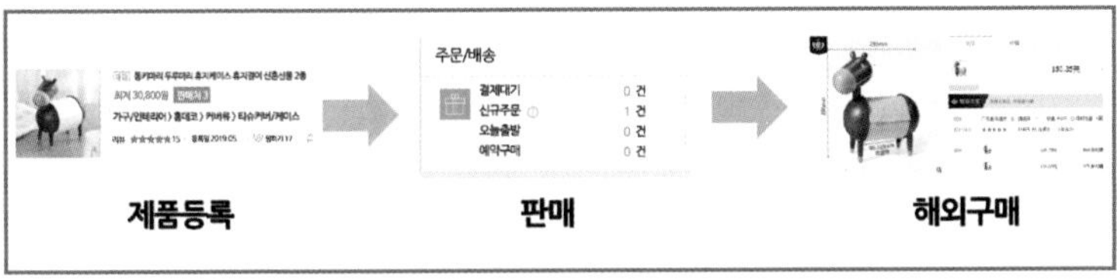

해외구매대행 사업은 해외에 있는 제품을 쇼핑몰에 올린 후 해당 제품을 고객에게 노출시켜 판매되었을 시 전달해 주는 사업입니다.

팔릴 만한 제품을 해외 쇼핑몰에서 찾아 스마트스토어나 오픈마켓에 올리면 검색 시 해당 상품이 고객에게 노출됩니다. 고객에게 노출된 상품을 고객이 구매한다면 우리에겐 신규주문으로 나타나게 됩니다.

이 신규주문을 보고 해외에서 해당 상품을 구매하여 전달해 주면 끝입니다.

일반 온라인 쇼핑 소매업의 경우, 미리 일정량을 구매한 후 고객에게 판매하는 구조입니다. 따라서 고객에게 판매되지 않으면 상품을 미리 구매한 비용은 모두 손해로 떠안아야 합니다.

하지만, 해외구매대행 사업의 경우 미리 해당 상품을 구매하는 것이 아니라, 고객이 구매해달라고 신규주문 요청이 왔을 때 해당 상품을 구매하는 것이기 때문에 손해가 발생하지 않습니다. 즉, 해외구매대행 사업은 상품이 안 팔릴 경우 금전적인 손해가 발생하지 않습니다. 다른 사업에 비해 상당히 안정적인 사업이라고 할 수 있습니다.

② 재고가 없는 사업

첫 번째 장점에서도 보았듯, 해외구매대행 사업은 고객 구매요청에 맞춰 그때그때 구매하여 전달하는 사업입니다. 따라서 미리 재고를 가지고 있을 필요가 없습니다.

재고를 보관해야 하는 사업의 경우, 재고를 관리할 물리적 공간이 필요합니다. 이로 인해 고정비가 발생합니다. 또한 판매를 위해서 재고물량을 확인하는 등 재고관리를 위한 시간과 비용이 추가적으로 발생합니다.

하지만, 해외구매대행 사업의 경우 재고를 보관할 필요가 없기 때문에 창고와 같은 물리적 공간이 필요 없으며, 재고관리에 들어가는 시간과 비용이 들지 않습니다.

이러한 이점 때문에 어디서든 일할 수 있을 뿐 아니라, 고정비가 들어가지 않게 됩니다.

③ 적은 자본금으로 시작할 수 있는 사업

월 판매액 3,400만 원, 월 판매액 약 2,000만 원을 버는 사람들은 얼마로 시작했을까요?

정답은 200만 원입니다.

저 역시 처음 300만 원으로 시작해서, 월 판매액 3,400만 원을 달성해 자금을 굴려갔습니다.

월매출 2,000만 원을 팔고 있는 한 수강생도 처음에는 200만 원으로 시작했습니다.

제품이 판매되고 해당 상품을 전달하면 되는 사업이기 때문에 안 팔리면 돈이 들지 않고 팔려야 돈이 들어가게 됩니다. 그렇기 때문에 적은 돈으로도 충분히 사업을 시작할 수 있습니다.

그런데 저는 이 사업을 무자본 사업이라고는 이야기하지 않습니다. 왜 그럴까요?

그 이유는 상품 판매 이후 자금 회수가 될 때까지의 돈은 있어야 하기 때문입니다. 해외구매대행 특성상 오늘 팔린 돈이 최소 20일 정도는 지나야 통장에 들어옵니다. 해외에서 상품을 구매 후 고객이 상품을 수령할 때까지 평균 10일 정도 걸리며, 상품을 받은 이후 구매확정을 하는 데까지 또 10일 정도 걸리기 때문입니다.

해외구매대행 사업은 최소한 판매된 상품을 구매할 자금 및 판매된 금액이 통장으로 돌아오는 기한까지 버텨줄 자금이 있어야 사업을 할 수 있습니다.

그런데 만약 완전 무자본 상태라면 어떻게 해야 할까요? 자금이 없으면 신용을 빌려야 합니다. 확실히 들어올 돈이기 때문에 신용대출로 사업을 진행해도 괜찮습니다. 하지만 그것도 비용이니 잘 생각해 보고 진행해야 합니다.

다른 판매자들도 실제로 갑자기 많이 판매될 경우 대다수 신용으로 메웠고, 대출을 받는 경우도 있었습니다.

④ 시간적 · 위치적 제약이 없는 사업

해외구매대행 사업은 인터넷이 가능한 컴퓨터만 있으면 언제 어디서나 할 수 있는 사업입니다. 재고관리가 필요 없기 때문에 어느 곳에서나 진행할 수 있으며, 고객 주문처리 역시 자신의 시간에 맞춰 진행하면 되기 때문에 밤에도 낮에도 할 수 있는 사업입니다.

저도 주로 자기 전 시간에 해외구매대행 사업을 진행하고 있으며, 여행을 갈 때는 노트북을 챙겨가 업무를 처리하고 있습니다.

⑤ 판매할 수 있는 항목의 제약이 적은 사업

가성비 좋은 무선 이어폰으로 유명한 C 제품은 해외구매대행으로만 판매하고 있습니다. 이유는 무엇일까요?

정답은 간단합니다. 현 시기에 사입으로는 판매가 불가능하기 때문입니다. 여기서 사입판매란 물건을 먼저 구매해서 소비자에게 판매하는 사업을 의미합니다.

전자제품의 경우 국내에서 유통하기 위해서는 KC인증 및 전파인증이 필수입니다. 해당 인증을 받기 위해서는 최소 80만 원의 인증비용이 들며, 인증기간은 짧으면 3주 길면 6개월 이상 걸립니다. 하지만 해외구매대행의 경우 이러한 KC인증이 필요 없습니다.

해외구매대행 사업의 경우 해외에서 상품을 수입하여 판매하는 도소매업보다 특별한 인증 없이 판매 가능한 상품이 많습니다. 앞서도 서술하였듯 개인 사용용도로 해외에서 반입되는 것이기 때문에 법적으로 느슨합니다.

저는 해외구매대행 사업의 다른 장점보다 판매할 수 있는 상품이 많다는 장점 때문에 처음 온라인 사업을 하는 판매자에게 해외구매대행 사업을 강력하게 추천합니다.

상품을 수입하여 판매할 경우, KC인증과 같은 해결해야 하는 문제들이 많습니다.

하지만, 해외구매대행 사업은 어린이 전용 상품을 제외하고는 대다수의 상품이 KC인증을 받지 않아도 되어 바로바로 잘 팔리는지, 소비자들의 수요가 있는지 확인할 수 있습니다. 해외구매대행 사업으로 소비자들의 수요가 있는지 확인한 후에 인증비용을 지불하여 수입해도 늦지 않습니다. 굳이 판매가 확실치 않은 상품 하나하나에 인증비용을 지불하지 않아도 되는 점은 온라인 사업을 처음 시작하는 판매자에게는 매우 큰 장점으로 작용합니다.

⑥ 돈을 벌면서 온라인사업을 배울 수 있는 사업

제 주변 지인들이 온라인 사업을 해 보고 싶다고 물어보면 저는 항상 해외구매대행부터 해 보라고 조언합니다. 돈이 많이 필요한 사업도 아니고 위험성도 매우 적은 사업인데 더불어, 온라인에서 진행되는 사업이므로 기존 온라인 사업에서 통용되는 방법과 같기 때문입니다.

어떤 판매자가 온라인 사업이 돈이 된다는 이야기를 듣고 무턱대고 판매할 제품을 대량으로 구매했다는 상황을 가정한다면, 이 경우엔 강사나 주변 지인이 이야기하는 방법만 따라가야 합니다. 왜냐하면 이미 큰돈이 들어가서 새로운 시도를 해 볼 용기가 안 나기 때문입니다.

하지만, 해외구매대행을 시작한다면 강사의 말이 맞는지 아닌지 테스트도 해 볼 수 있고, 남들과 다른 자신만의 방법을 찾아낼 수도 있습니다. 또한 돈을 전혀 쓰지 않고 제품을 찾기 위해 소요되는 시간도 길지 않기 때문에 심리적으로 큰 부담도 들지 않습니다.

우선 해외구매대행 사업부터 해 보고 온라인 사업에서의 자신만의 정답을 찾은 후 자신에게 맞는 사업으로 나가면 더 쉽게 성공할 수 있을 것입니다.

해외구매대행 사업. 과연 단점은 무엇일까요?

해외구매대행 사업의 단점

- 낮은 진입장벽
- 신경 쓸 일이 많은 사업
- 브랜드화가 어려운 사업
- 배송기간에 대한 거부감

① 낮은 진입장벽

내가 할 수 있다는 것은 남들도 할 수 있다는 의미이기도 합니다. 많은 자본이 들지 않고, 언제 어디서나 할 수 있는 사업. 즉, 정보만 있다면 누구나 할 수 있는 사업이 바로 해외구매대행 사업입니다.

실제 온라인에 정보가 조금씩 오픈되어 있다 보니 해외구매대행 사업을 시작하는 판매자가 많습니다.

그럼에도 불구하고 현재 해외구매대행 사업은 돈을 벌 수 있습니다. 방법을 정확히 알고 있다면 말입니다.

해외구매대행 시장을 둘러보면 생각보다 정확한 개념으로 완벽하게 진행하는 판매자는 적습니다. 조금 더 편하게 돈을 벌기 위해 쇼핑몰 SEO에 대한 내용도 모른 채 대량 등록 프로그램을 사용하는 판매자가 많으며, 이들은 자신들이 어떤 상품을 판매하고 있는지조차 모르는 상황입니다. 뿐만 아니라 온라인 사업에 가장 기초적인 개념인 키워드에 대한 이해 없이 상품을 올리는 판매자들도 심심치 않게 볼 수 있습니다.

만약 여러분들이 쇼핑몰 SEO와 키워드에 대한 개념을 확실히 갖추고 있다면 시장에서 분명 살아남을 수 있습니다.

이 책을 통해 조금 더 정확한 개념으로 사업을 이해하고 물건을 고르는 방법에서 자신만의 방법을 찾아낸다면 해외구매대행 사업에서도 진입장벽이 세워질 것입니다.

② 신경 쓸 일이 약간 생기는 사업

해외구매대행 사업은 생각보다 신경 쓸 것이 많습니다. 병행수입의 경우 20개가 팔리든 100개가 팔리든 이미 포장되어 있는 상품의 송장번호만 찍어서 전달하면 됩니다.

이때 병행수입이란 국내에 수입되는 해외브랜드 상품을 제3자가 별도로 물건을 들여와 판매하는 사업입니다.

하지만 해외구매대행 사업은 제품 판매 이후 단계가 복잡합니다.

고객 한 건, 한 건에 대한 해외직구가 각각 같은 단계를 거쳐야 해서 사업 시스템이 갖춰져 있지 않을 경우 하루 10개만 팔아도 감당하기 버거운 업무량이 형성됩니다.

이런 불편함을 해결하기 위해 고객 정보를 관리하는 엑셀 프로그램으로 파일을 만들어서 관리 파일을 활용하면 하루 20개, 30개 그 이상 팔려도 해결할 수 있습니다. 다만 그래도 사입보다 신경 쓸 일이 많은 건 어쩔 수 없습니다.

실제 해외구매대행 사업의 경우 하루 20개가 팔리면 구매건을 처리하는데 1~2시간 이상 소요됩니다. 반면 해외에서 직접 구매하여 판매하는 병행수입의 경우 20개가 팔리면 10분이면 모든 일들을 처리해 낼 수 있는 것과는 비교됩니다.

③ 브랜드화가 어려운 사업

사업을 하다 보면 개인 브랜드를 갖고 싶어집니다. 브랜드를 한번 구축해놓으면 미래에도 자연스럽게 팔리게 하는 강한 힘을 갖는 장점이 있습니다. 하지만 구매대행은 쉽지 않습니다. 내 쇼핑몰을 보고 들어오는 고객들보다는 제품 한 개를 사려고 들어오는 고객들의 비중이 훨씬 높기 때문입니다.

실제 데이터를 보면, 제가 운영하고 있는 병행수입(즉, 사입)몰의 경우 상품을 사고 다시 구매로 이어지는 재구매율은 약 5% 정도입니다. 하지만 해외구매대행 사업몰의 경우 재구매율이 약 0.3%입니다. 거의 없다고 볼 수 있습니다.

즉, 해외구매대행 쇼핑몰은 브랜드화를 통한 재구매 도모가 어려운 사업이라고 보면 됩니다.

④ 배송기간에 대한 거부감

요즘 온라인 쇼핑몰에서 상품을 구매할 경우, 평균 1~2일이면 문 앞에 도착합니다. 특히 인터넷몰의 경우 당일배송, 새벽배송 시스템 덕분에 오전에 구매하면 오후에, 저녁에 구매해도 다음날 아침에 상품을 받아볼 수 있을 정도입니다.

그런데 해외구매대행 상품은 배송기간이 얼마나 걸릴까요? 정답은 평균 10일 정도입니다.

해외 쇼핑몰에서 상품을 구매하는 기간 1일, 구매한 상품이 해외배송대행지까지 도착하는 기간 3~5일, 해외배송대행지에서 국내로 통관되는 기간 7~9일, 통관 후 고객 집까지 배송되는 기간 10~14일.

해외 상품을 국내로 배송하는 일이기 때문에 어쩔 수 없이 상품배송 기간이 국내상품보다 길어지게 됩니다. 소비자 입장에서는 아무리 가격이 저렴하더라도 배송이 늦어지면 구매가 꺼려지게 되기도 합니다.

이러한 이유에서 실제 병행수입 쇼핑몰과 해외구매대행 쇼핑몰에 구매전환율(상품을 클릭했을 때 구매로 이어지는 비율)은 큰 차이가 있습니다.

모든 사업에는 장단점이 존재합니다. 해외구매대행 사업은 장점이 더 크기 때문에 처음 온라인 사업을 시작하는 판매자에게 가장 좋다고 생각합니다.

제가 생각하는 온라인 사업코스는 우선 리스크 낮은 해외구매대행 사업으로 온라인 사업을 직접 해 보면서 배우고, 해외구매대행 사업으로 일정 수익이 생기면 그 수익으로 병행수입을 하여 또 새로운 도전을 해 보는 것이 좋다고 생각합니다.

1-4

해외구매대행 사업은 누가 하면 좋을까?

해외구매대행을 본격적으로 하기에 앞서 이 사업과 어울리는 사람은 누구인지 알아보려 합니다.

- 나만의 기업, 나만의 사업을 해 보고 싶은 사람
- 집에서 할 만한 부업을 찾고 있는 사람
- 서비스마인드가 좋은 사람

이와 같이 3가지 모두에 해당되는 사람에게 적극 추천하는 사업입니다.

① 나만의 기업, 나만의 사업을 해 보고 싶은 사람

사업을 시작해 보지 않은 사람에겐 더 없이 좋은 스타트 사업입니다.

적은 자본과 무재고의 사업. 이보다 더 장점이자 부담 없는 사업이 또 없을 것입니다.

② 집에서 할 만한 부업을 찾고 있는 사람

온라인 사업이기에 위치, 지역에 상관없이 어디서나 가능한 사업입니다.

여행을 가든, 출장을 가든 어디서든 일을 할 수 있기 때문에 더욱 매력적인 사업입니다.

③ 서비스마인드가 좋은 사람

"나는 사람 상대하는 게 싫어서 온라인으로 사업할 거야."라는 생각으로 사업을 시작하려는 사람에게 이 사업은 말리고 싶습니다.

도소매사업 등 다른 사업들도 서비스마인드가 필요하지만 해외구매대행에서 서비스마인드는 필수라고 생각합니다.

상품 문의, AS문의 등 일반적인 문의 이외에도 통관과 배송촉구 등 하루에도 수차례 혹은 수십 가지의 문의를 감당해야 할 때도 있습니다.

이러한 관점에서 소비자를 이해하고 상대하는 입장에서 단순히 정해져 있는 로봇 같은 답변이 아닌 일상과 같은 문의에도 성심 성의껏 답변할 수 있는 사람이 할 것을 권합니다.

더불어 해외구매대행은 처음부터 눈에 띄는 성과를 내기 힘든 사업이기 때문에 욕심 부리지 않고 꾸준히 할 수 있는 사람에게 추천합니다.

1-5

해외구매대행 국가를 선정하지 않아도 되는 이유

강연을 진행하다 보면, 강연 시작 때 종종 이런 질문을 받습니다.

"미국 구매대행을 알려주시나요? 중국 구매대행을 알려주시나요?"

이러한 질문은 제품을 어떻게 찾는지 정확히 모르다 보니 하게 되는 것 같습니다. 해외구매대행이라고 단순히 해외에 있는 제품 아무거나 쇼핑몰에 올리는 것이 아닙니다.

저는 미국과 중국뿐만 아니라 전 세계 제품들을 팔 수 있는 방법을 알려드리고 있습니다.

쇼핑몰에 제품을 올릴 때 무작정 제품을 올리라고 하지 않습니다.

나중에 자세하게 살펴보겠지만, 판매될만한 제품을 찾고, 해당 제품의 제조국을 확인하고 해당 제조국의 소싱 사이트를 찾아 제품을 올리라고 조언합니다.

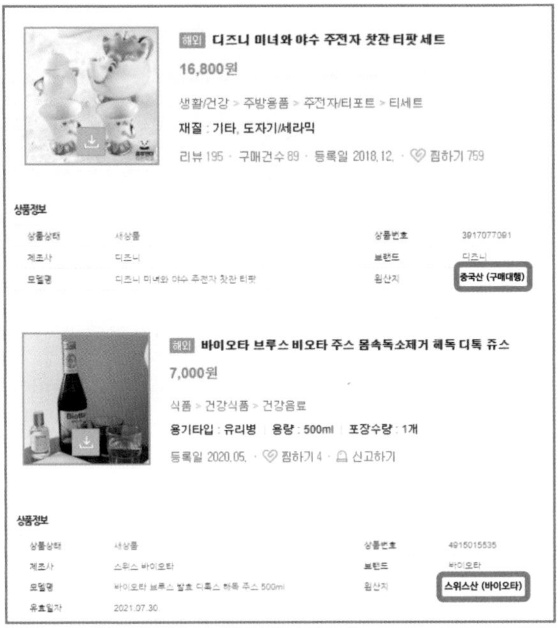

쇼핑몰에서 상품정보를 찾아 보면 원산지를 확인할 수 있습니다.

첫 번째 예시처럼 중국일 경우에는 중국 사이트에서 해당 제품을 찾으면 됩니다.

두 번째 예시처럼 스위스일 경우에는 스위스 사이트에서 해당 제품을 찾으면 됩니다.

우리는 특정 국가의 좋은 제품을 찾아서 판매하는 것이 아니라 국내에서 잘 판매되고 있는 제품을 찾고 해당 제품의 원가가 싼 곳을 찾아 판매하기 때문에 특정 국가를 선정해서 판매할 이유가 없습니다.

그러면 왜 많은 사람들이 중국과 미국의 제품을 판매하고 있을까요? 이유는 간단합니다. 잘 팔리고 있는 대다수의 제품이 중국과 미국의 제품이기 때문입니다.

즉, 특정 국가의 좋은 제품을 찾는 것이 아니라 국내에서 잘 판매되는 제품의 원가가 싼 국가의 제품을 찾는 것이 가장 중요하기 때문에 구매대행을 시작하기 전부터 어느 국가를 선정해야 할지 신경 쓰지 않아도 됩니다.

처음 해외구매대행 사업을 하는 초보자가 가장 크게 착각하는 것이 싸고 좋은 제품을 찾아서 쇼핑몰에 올리겠다는 생각입니다. 예를 들어, 지금 보는 제품들이 예쁜데다 저렴하기까지 합니다. 이런 제품 팔면 100% 팔리겠다 싶습니다. 하지만 막상 이러한 제품을 한국에 소싱한다 해도 판매할 수 없습니다. 지금처럼 먼저 좋은 제품을 찾고 한국에 판매하는 것은 경험이 쌓인 후에나 가능한 일입니다.

우리는 경험이 없으므로 데이터를 통해 잘 팔리고 있는 제품과 사람들이 많이 찾고 있는 제품들을 찾아서 올릴 예정입니다.

그리고 해당 제품들을 찾는 과정에서 원산지가 미국이면 미국 사이트에서 소싱할 것이며, 원산지가 중국이면 중국 사이트에서 소싱할 예정입니다.

아마 여러분이 찾아내는 제품의 90%가 중국제품일 것이고, 8%가 미국제품일 것입니다. 2%는 그 외의 국가입니다.

따라서 원산지가 중국인 판매제품을 찾는 과정 위주로 이 책에서 살펴볼 예정이며, 미국과 그 외 지역의 제품을 찾는 방법도 간략하게 알려드릴 것입니다.

CHAPTER

2

직구하는 방법 및 배송대행지 가입하기

2-1 미국 배송대행지 가입하기

2-2 중국 배송대행지 가입하기

2-3 샵백(캐시백 적립 사이트) 회원가입하기

해외구매대행은 고객을 대신하여 "직구"를 하는 업무입니다. 그렇기에 구매대행 업무의 기본이라 할 수 있는 직구하는 방법에 대해 알아보겠습니다.

배송대행지를 선택해야 하는데, 그 기준을 세우고 있어야 합니다. 여기서 배송대행지(배대지라고도 함)는 배송을 대행해 주는 업체를 뜻합니다.

배송대행지는 직구하기 전 업체를 먼저 정하고 직구하는 것을 추천합니다. 이유는 마음에 드는 물건을 정하고 결제하기 전 해외주소를 입력해야 하는데, 배송대행지가 없으면 해외주소를 입력할 수 없어 처음부터 배송대행지를 선정하고 직구하는 방법을 권해드립니다.

배송대행지 선택 기준

1. 가격 – 사업자 전용 통관 결제 금액이 저렴한지
2. 배송 속도 – 배송대행지에 물건 도착 후 빠르게 통관 진행 및 배송을 하는지
3. 빠른 CS – 깨진 물건이나 오배송으로 인한 문의 시 빠르게 응대를 하는지

이와 같은 세 가지 항목에 맞추어 적절한 배송대행지를 선택하길 바랍니다.

2-1

미국 배송대행지 가입하기

미국직구

① 아마존 회원가입

https://www.amazon.com/

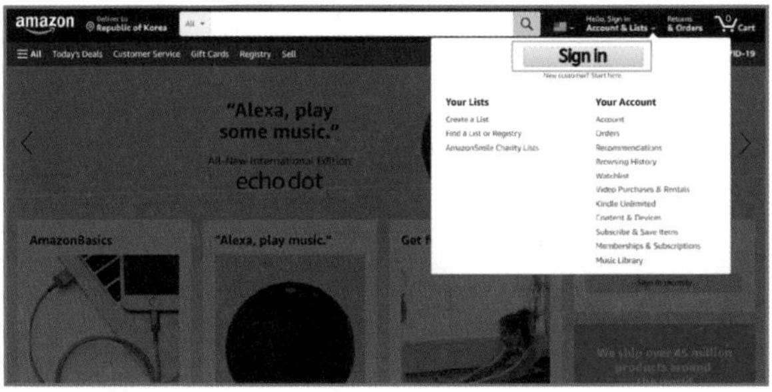

1. 아마존 홈페이지에 접속 후 "Sign in" 버튼을 클릭합니다.

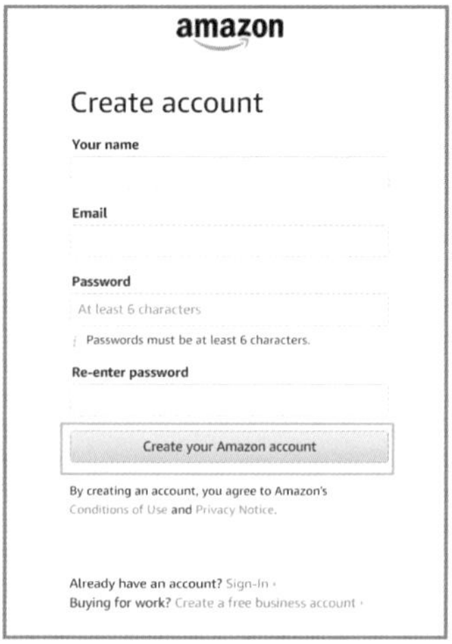

2. 이름과 이메일, 비밀번호를 입력한 후 "Create your Amazon account"를 클릭합니다.

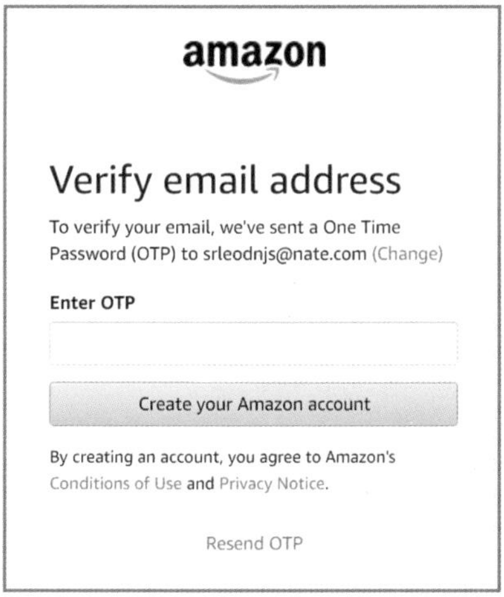

3. 등록한 이메일로 아마존 OTP 번호가 전송되었습니다. 해당 메일에 접속하여 OTP 번호를 확인하여 입력하면 회원가입이 완료됩니다.

이제는 상품을 전달해 줄 배송대행지에 회원가입을 합니다.

② 미국 배송대행지 회원가입

추천 사이트: 가지다 https://www.gajida.net/

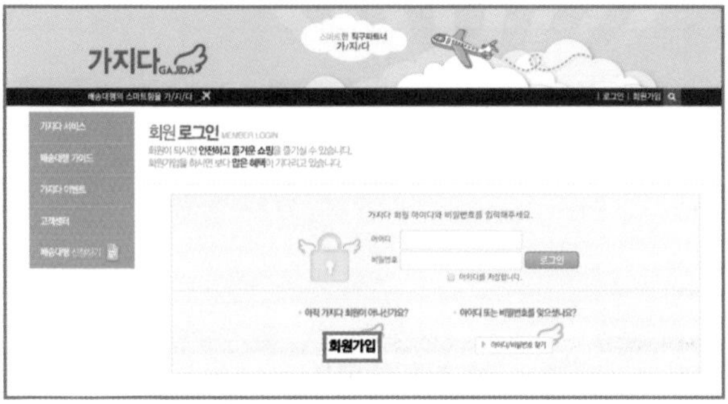

1. 배송대행지 사이트에 접속하여 회원가입을 합니다.

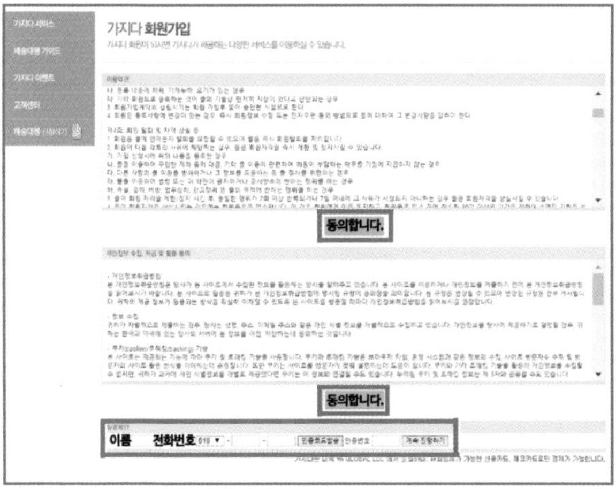

2. 약관에 동의 후 실명확인을 합니다.

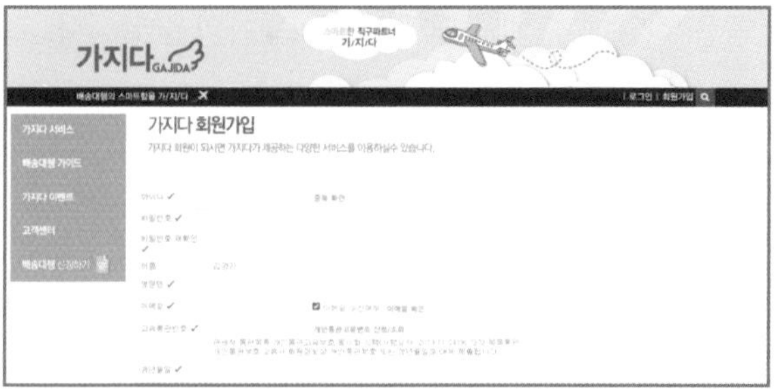

3. 사용할 아이디, 닉네임과 자신의 이름, 비밀번호, 이메일 등 정보를 입력하고 “가입완료”를 클릭하면 회원가입이 완료됩니다.

4. 이제는 나의 해외주소를 확인할 차례입니다.

메인 화면으로 돌아와 “마이페이지”를 클릭합니다.

5 . “나의 무료 해외주소”에 자신의 델라웨어, 뉴저지, 캘리포니아 주소를 확인합니다.

이제는 해외구매대행 사업의 기초라고 할 수 있는 회원가입한 직구사이트와 배송대행지를 이용해 직접 물건을 구매하는 과정입니다.

③ 물건 구매하기

1. 아마존 사이트로 돌아와 구매하고 싶은 제품을 검색 후 “Buy Now” 버튼을 클릭합니다.

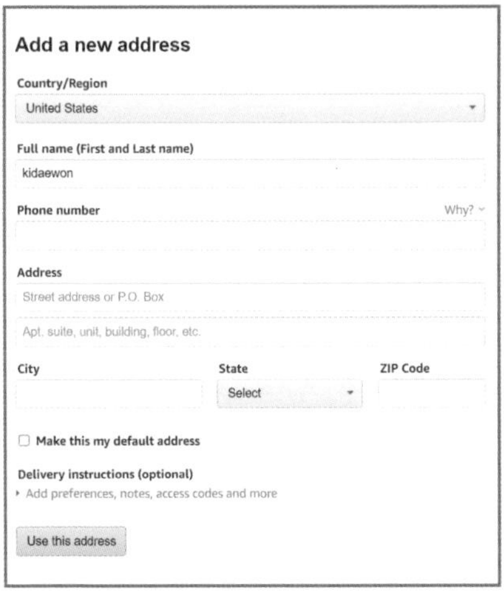

2. ②-5에서 확인한 나의 해외주소를 입력합니다.

(보통 델라웨어 주소를 많이 이용함)

3. 주소 입력이 완료되면 결제할 카드정보를 입력합니다.

입력 후 “Continue” 버튼을 클릭합니다.

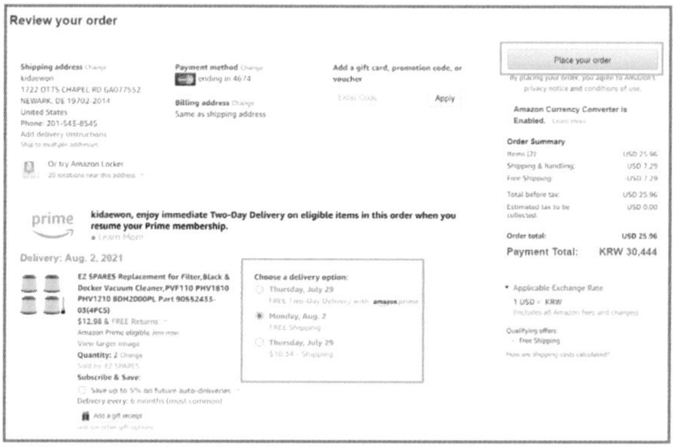

4. 배송을 선택 후(빠른 배송일수록 배송비 비쌈) “Place your order”를 클릭합니다.

5. 구매가 완료되었습니다!

④ 배송대행지 이용하기

1. 배송대행지 사이트에 접속 후 “배송대행 신청하기”를 클릭합니다.

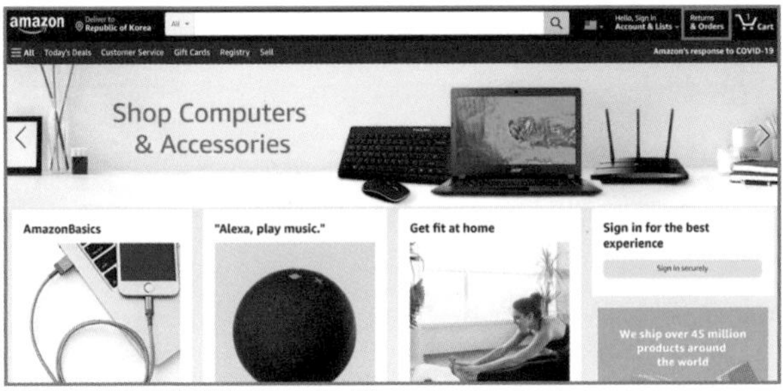

2. 구매한 사이트(아마존)도 접속하여 “Orders” 버튼을 클릭합니다.

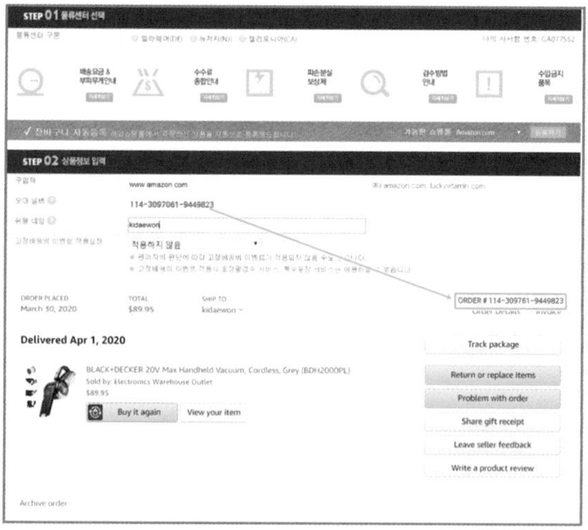

3. 신청서의 상품정보를 입력하는 칸 중에서 "오더 넘버"는 아마존 "Orders"에서 구매한 상품의 오더 넘버를 입력합니다.

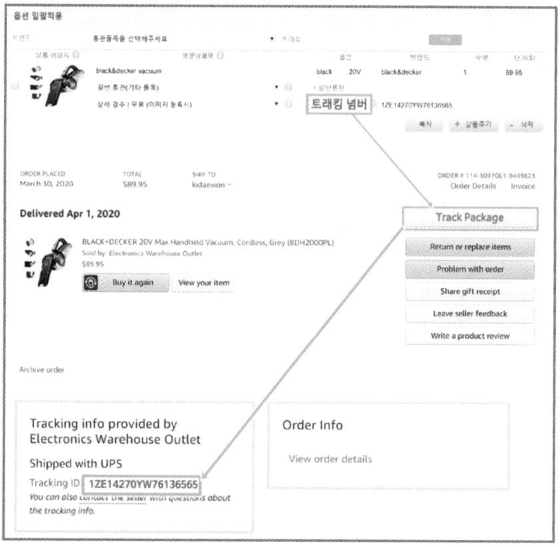

4. 상품의 영문명 옵션, 브랜드, 수량, 단가 등을 적고 트래킹 넘버를 입력합니다. 트래킹 넘버는 "Orders"에 들어가 구매한 상품의 "Track package"를 클릭하면 확인할 수 있습니다.

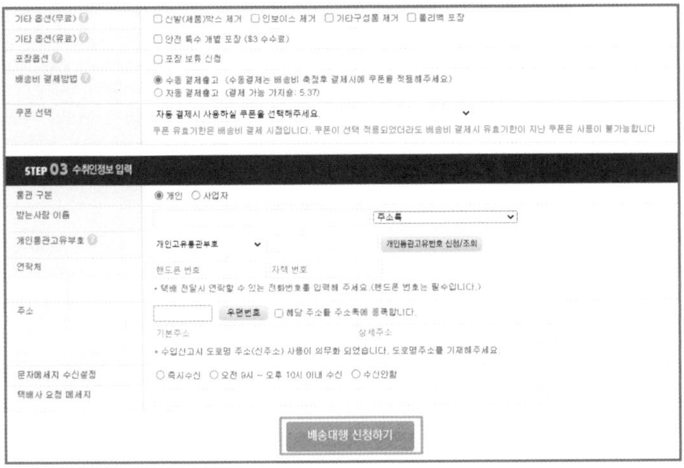

5. 이제 수취인정보를 입력하고 "배송대행 신청하기"를 클릭하면 배송대행이 완료됩니다!

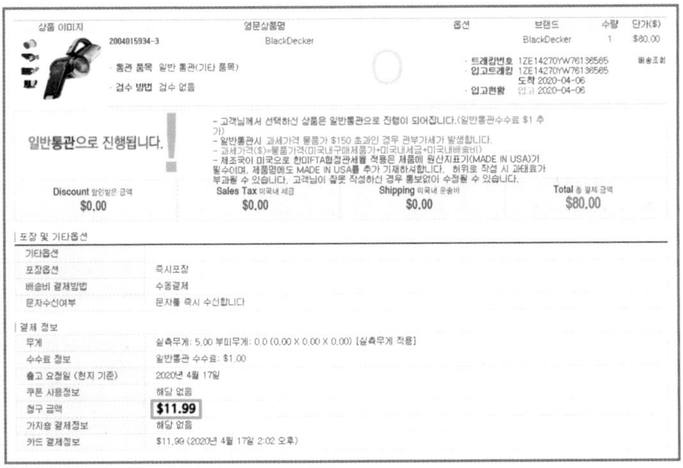

6. 이후 3~7일 정도의 시간이 지나 현지 배송이 완료되면 대행신청한 상품의 배송 금액이 청구됩니다. 해당 금액을 결제하면 구매한 상품은 구매자의 배송지로 안전하게 배송됩니다.

2-2

중국 배송대행지 가입하기

중국직구

① 회원가입

타오바오 https://i.taobao.com/

타오바오에 접속합니다.

1. 타오바오 메인 화면에서 좌측 상단에 있는 초록색 박스 부분을 클릭합니다.

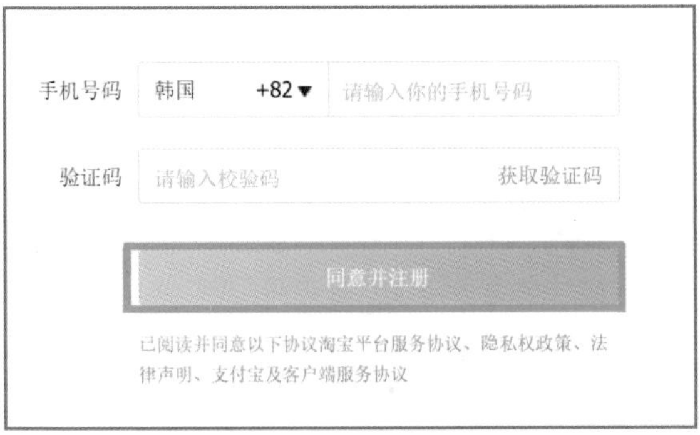

2. 휴대전화번호를 입력하고, 전송된 인증번호를 입력한 후 초록색 박스를 클릭합니다.

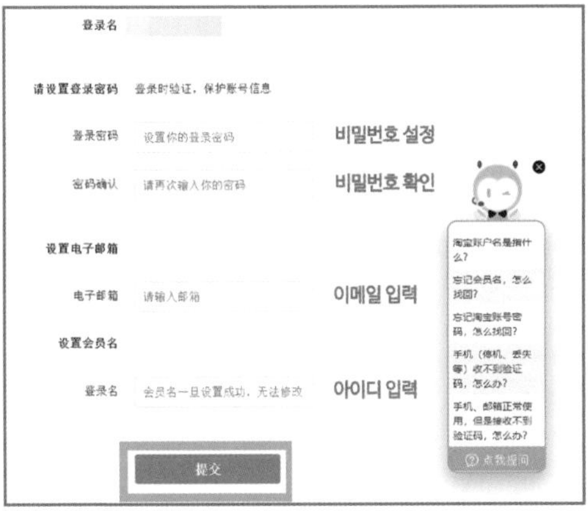

3. 비밀번호와 이메일, 아이디를 입력한 후 초록색 박스 부분을 클릭하면 회원가입 완료!

② 배송대행지 회원가입

추천 사이트: 산타빌리지 https://www.santavillage.co.kr

산타빌리지 초보자 가이드
산타빌리지 타오바오의 모든 것
로그인
회원가입
마이페이지
고객센터
Santa Village
이용안내
배송대행
결제대행
재고관리
산타마켓
고객센터
산타빌리지 배송비 안내
VIP 5%할인 VVIP 10%할인 Royal 사업자 15%할인
기본 7,000원 부터~
칭다오 항공 1kg
기본 10,000원 부터

1. 배송대행지 사이트에 접속하여 회원가입을 합니다.

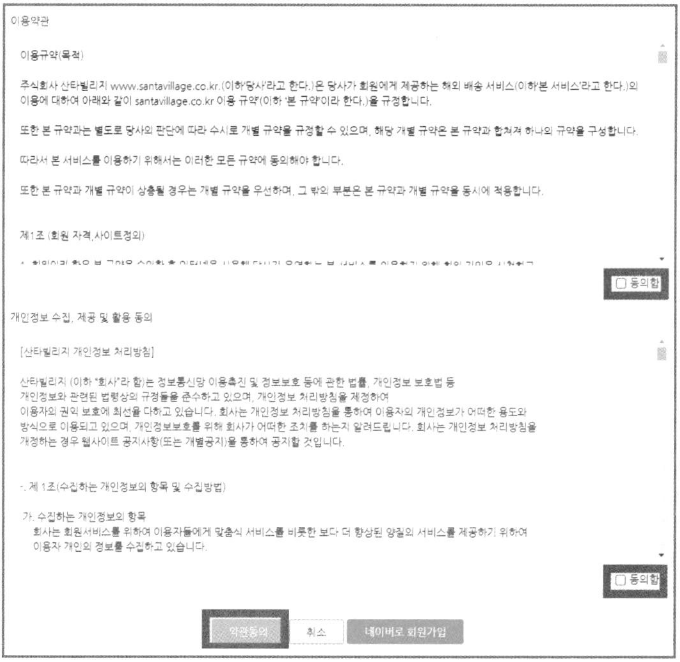
이용약관
이용규약(목적)
주식회사 산타빌리지 www.santavillage.co.kr.(이하'당사'라고 한다.)은 당사가 회원에게 제공하는 해외 배송 서비스(이하'본 서비스'라고 한다.)의 이용에 대하여 아래와 같이 santavillage.co.kr 이용 규약'(이하 '본 규약'이라 한다.)을 규정합니다.
또한 본 규약과는 별도로 당사의 판단에 따라 수시로 개별 규약을 규정할 수 있으며, 해당 개별 규약은 본 규약과 합쳐져 하나의 규약을 구성합니다.
따라서 본 서비스를 이용하기 위해서는 이러한 모든 규약에 동의해야 합니다.
또한 본 규약과 개별 규약이 상충될 경우는 개별 규약을 우선하며, 그 밖의 부분은 본 규약과 개별 규약을 동시에 적용합니다.
제1조 (회원 자격,사이트정의)
동의함
개인정보 수집, 제공 및 활용 동의
[산타빌리지 개인정보 처리방침]
산타빌리지 (이하 "회사"라 함)는 정보통신망 이용촉진 및 정보보호 등에 관한 법률, 개인정보 보호법 등
개인정보와 관련된 법령상의 규정들을 준수하고 있으며, 개인정보 처리방침을 제정하여
이용자의 권익 보호에 최선을 다하고 있습니다. 회사는 개인정보 처리방침을 통하여 이용자의 개인정보가 어떠한 용도와
방식으로 이용되고 있으며, 개인정보보호를 위해 회사가 어떠한 조치를 하는지 알려드립니다. 회사는 개인정보 처리방침을
개정하는 경우 웹사이트 공지사항(또는 개별공지)을 통하여 공지할 것입니다.
-. 제 1조(수집하는 개인정보의 항목 및 수집방법)
가. 수집하는 개인정보의 항목
회사는 회원서비스를 위하여 이용자들에게 맞춤식 서비스를 비롯한 보다 더 향상된 양질의 서비스를 제공하기 위하여
이용자 개인의 정보를 수집하고 있습니다.
동의함
약관동의
취소
네이버로 회원가입

2. 약관에 동의합니다.

3. 사용할 아이디, 닉네임과 자신의 이름, 비밀번호, 이메일 등 정보를 입력하고 "등록"을 클릭하면 가입이 완료됩니다.

4. 메인 화면으로 들어와 "마이페이지"를 클릭합니다.

5. "나의배송지주소"를 클릭합니다.

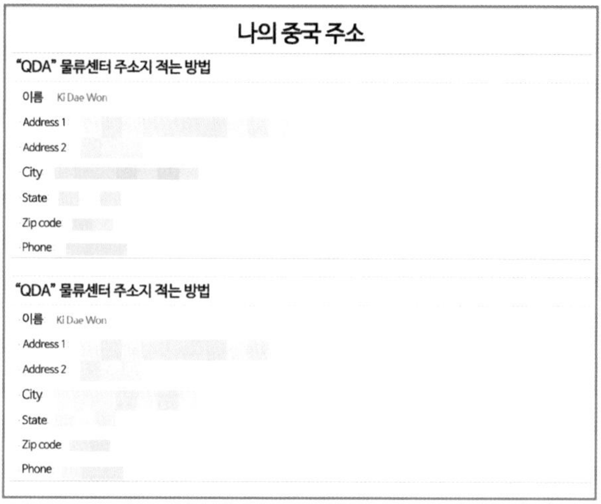

6. 방금 가입한 나의 중국 주소를 확인합니다.

③ 물건 구매하기

타오바오 구매방법은 크게 두 가지가 있는데 첫 번째는 하나하나 검색해서 구매하는 방법이고, 두 번째는 이미지로 검색하는 방법입니다. 타오바오에서는 특히 이미지 검색으로 구매하는 것이 편리하므로 이미지로 구매하는 방법을 살펴보겠습니다.

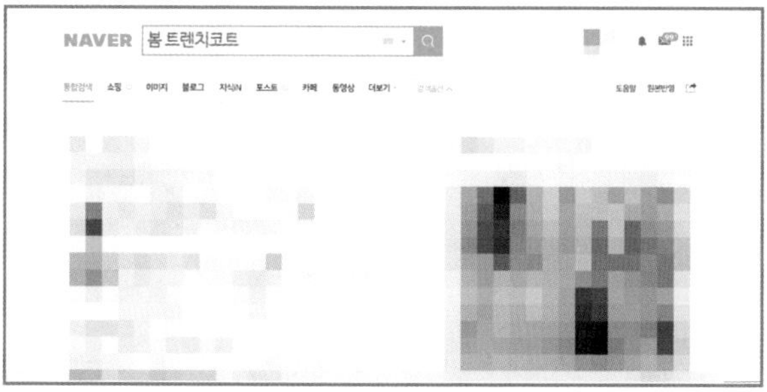

1. 포털사이트에 관심 있는 분야의 제품을 검색합니다.

2. 관심 있는 제품을 찾았다면 메인 이미지를 캡처합니다.

3. 타오바오로 돌아와 관심 있는 제품의 검색을 위해 돋보기 버튼을 클릭합니다.

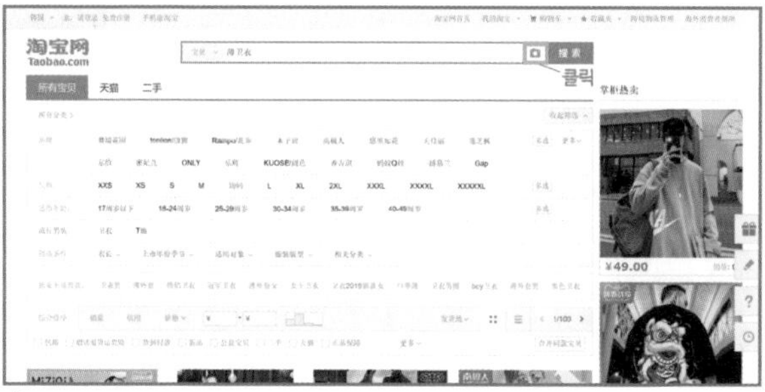

4. 카메라 버튼을 클릭 후 바로 전에 캡처한 이미지를 업로드합니다.

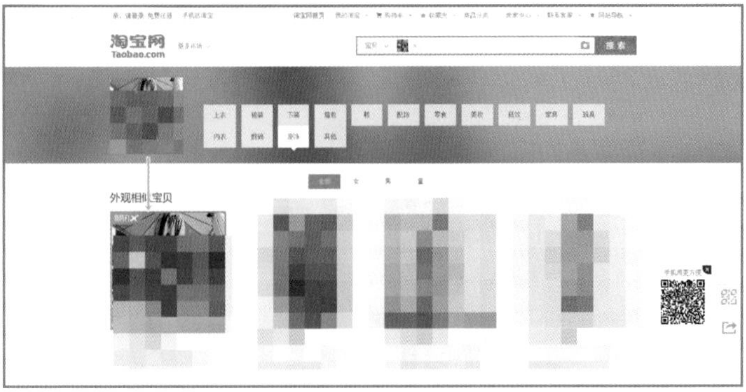

5. 캡처한 사진과 비슷하거나 같은 상품이 나옵니다. (다양한 가격대의 제품 중 싸면서도 판매량이 어느 정도 있는 판매자를 추천합니다. 등급은 최소 하트 5개 이상을 가진 판매자가 좋습니다.)

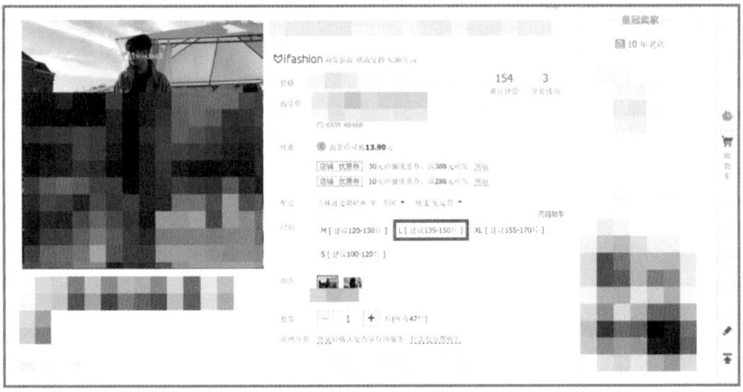

6. 상품옵션을 선택합니다.

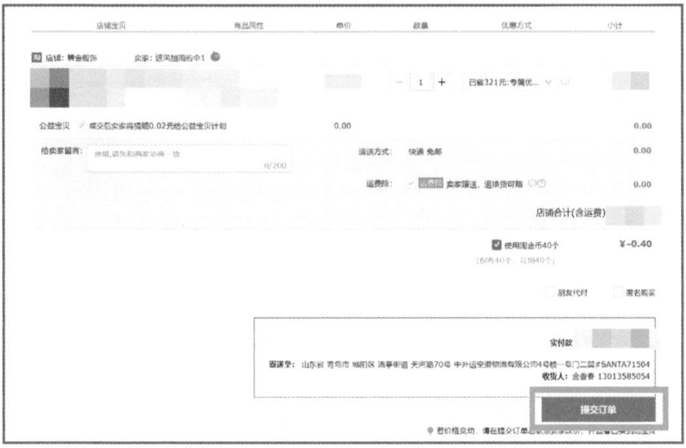

7. 가격과 옵션을 확인한 후 초록색 박스 부분을 클릭합니다.

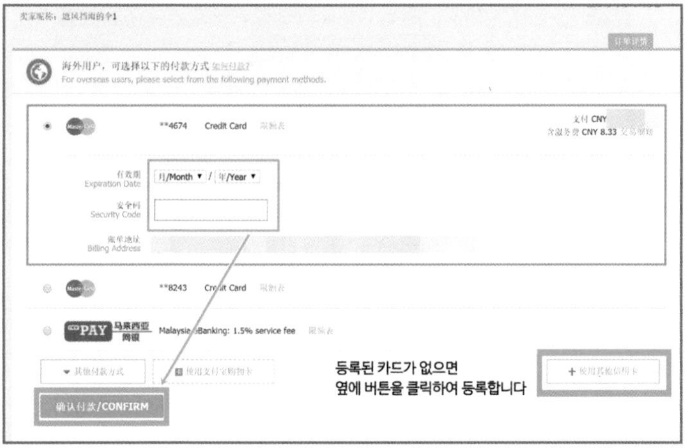

8. 결제할 카드 정보를 입력합니다. 카드 등록이 되어 있다면 카드 만료 날짜와 보안코드를 입력 후 아래 "CONFIRM"을 클릭합니다.

9. 구매되었다는 화면과 함께 구매완료!

④ 배송대행지 이용하기

1. 배송대행지 메인 화면 우측 하단에 "배송대행 신청하기"를 클릭합니다.

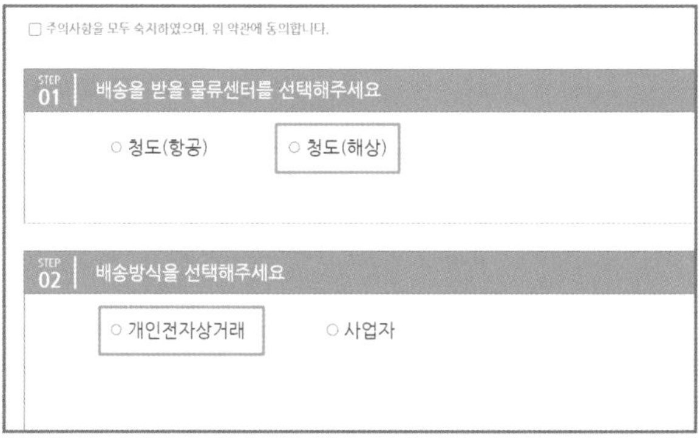

2. 약관에 동의 후 물류센터와 배송방식을 선택합니다.

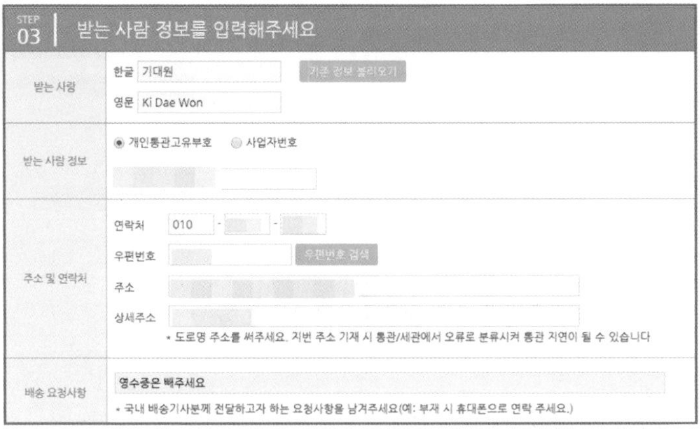

3. 수취인 정보를 입력합니다.

4. 상품정보를 입력합니다. "주문내역 불러오기"를 클릭합니다.

5. 타오바오 화면에서 초록색 박스 부분을 클릭 후 구매한 상품이 나오면 사진과 같이 드래그하고 복사(Ctrl+C)하여 "주문내역 불러오기"에 붙여넣기(Ctrl+V) 합니다.

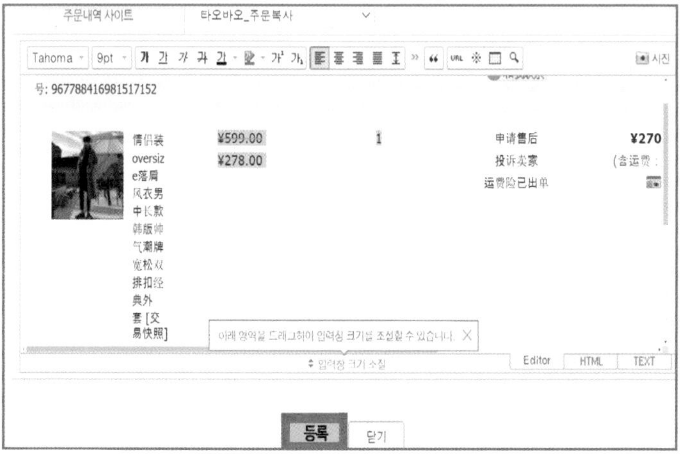

6. "등록" 버튼을 클릭합니다.

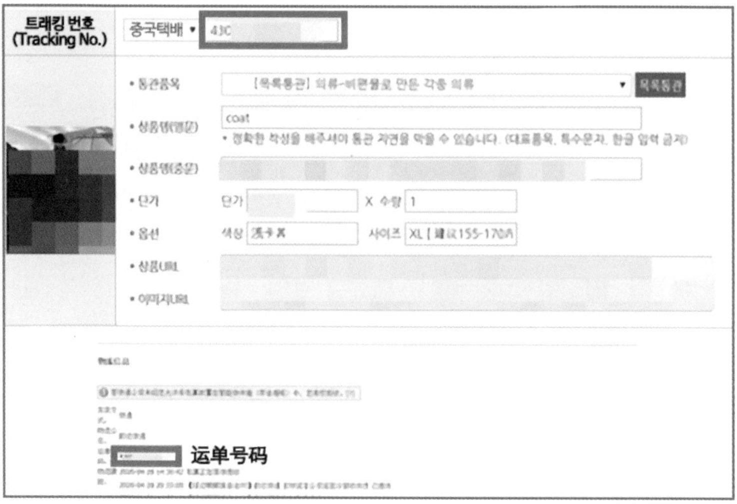

7. 통관품목과 영문상품명을 입력합니다. 트래킹번호는 구매한 상품정보에서 "运单号码"의 번호를 그대로 입력합니다.

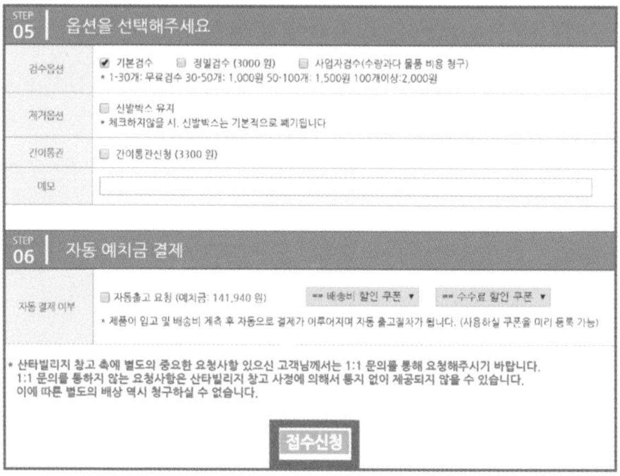

8. 옵션을 선택 후 접수신청을 클릭하면 배송대행 완료!

주문정보	등록일 처리일	상품가격	상품명	결제금액/운송장번호	상태
2004300309 | 청도(해상) 배송대행 | 개인전자상 거래 기대원 |	2020.04.30 2020.05.07	¥506.00	coat	배송비용(완료) 5,920원 [redacted]	통관조회

9. 배송대행지 마이페이지 화면에서 배송대행이 완료된 것을 볼 수 있습니다. 3~7일 정도의 중국 내 현지배송 기간이 지나고 배송금액을 결제하게 되면 배송지로 안전하게 배송됩니다.

2-3

샵백(캐시백 적립 사이트) 회원가입하기

구매대행하면서 포인트도 따로 적립할 수 있습니다.

캐시백 적립 – 샵백(이베이츠가 샵백으로 합병됨)

① 회원가입

https://www.shopback.co.kr/

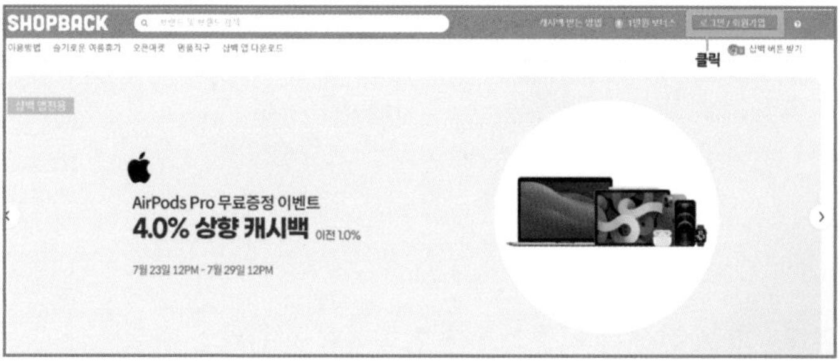

1. 사이트에 접속 후 “로그인/회원가입”을 클릭합니다.

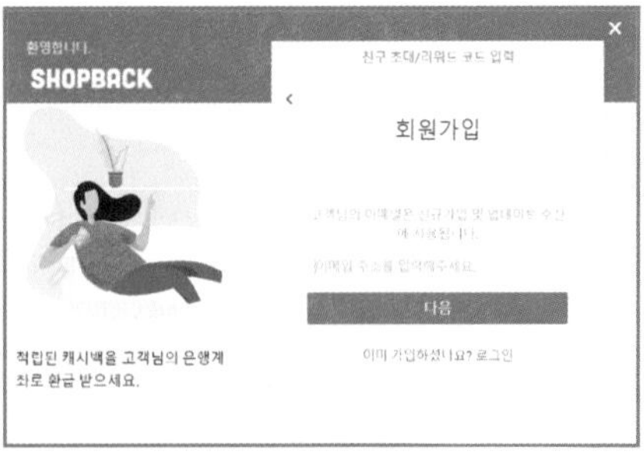

2. 이메일 주소를 입력합니다. (네이버, 페이스북으로도 가능)

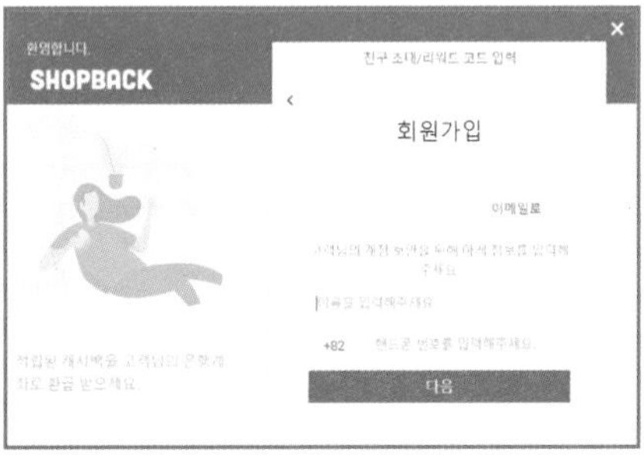

3. 휴대전화 번호를 입력합니다.

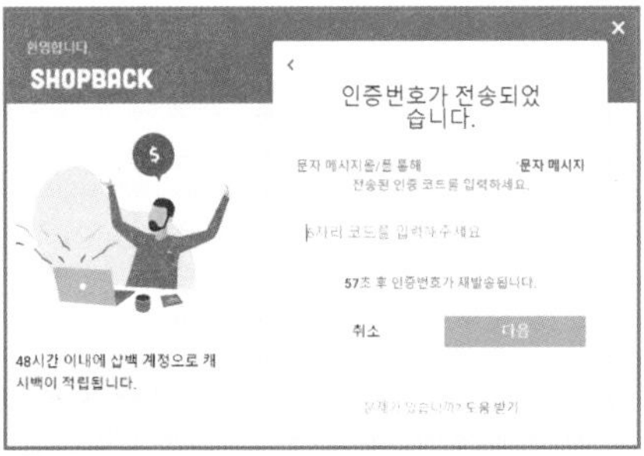

4. 휴대전화로 전송된 인증번호를 입력하면 회원가입 완료!

이제는 구매대행과 동시에 포인트 적립까지 할 수 있습니다.

CHAPTER

3

누구나 쉽게 따라 하는 준비절차

3-1 서비스업으로 사업자 등록하기

3-2 스마트스토어 가입하기

3-3 통신판매업 신고하기

3-4 해외판매자 승인 요청하기

3-5 사업자 전화번호 만들기

이 장에서는 해외구매대행 사업을 진행하기 위해 가장 먼저 해야 하는 일에 대해 설명합니다.

과연 해외구매대행 사업을 진행하기 위해서는 가장 필수적인 것이 무엇이라고 생각하나요?

컴퓨터? 사업자 등록증? 네, 둘 다 맞습니다. 이외에도 다양한 것들이 필요합니다.

무엇보다 가장 중요한 것이라면 판매할 쇼핑몰이 되겠습니다. 여러분들이 제품을 올리고 판매할 쇼핑몰이 있어야 사업이 가능하니까요. 그래서 주로 제품을 업로드할 쇼핑몰인 스마트스토어를 오픈하는 방법에 대해서 설명하겠습니다.

3-1

서비스업으로 사업자 등록하기

해외구매대행 전용 스마트스토어 오픈방법 첫 번째, 서비스업으로 사업자 등록하기입니다.

사업자로 스마트스토어를 오픈하기 위해서는 사업자 등록이 필수입니다.

주의해야 할 점

- 상호명과 쇼핑몰명이 달라도 괜찮으니 너무 큰 고민을 하지 않아도 됩니다. 오히려 쇼핑몰명을 짓는 데 조금 더 고민해야 합니다.
- 기본 주소지는 간이사업자로 사업자를 처음 내는 판매자는 개인 주소지로 신청해도 괜찮습니다. 만약 사업자가 2개일 경우, 일반사업자로 내야 한다면 주소지를 추가로 마련해야 합니다. 이때는 비상주 사무실을 계약하여 진행하는 것을 추천합니다.

사업자 등록은 인터넷 홈페이지 홈택스에서 바로 가능합니다.

https://www.hometax.go.kr

1. 홈택스 접속 후 [신청] – 사업자등록신청(개인)

⇒ 들어가서 차근차근 개인정보를 작성합니다.

2. 메뉴버튼 중 "신청/제출"을 클릭, 사업자등록신청(개인)에 접속합니다.

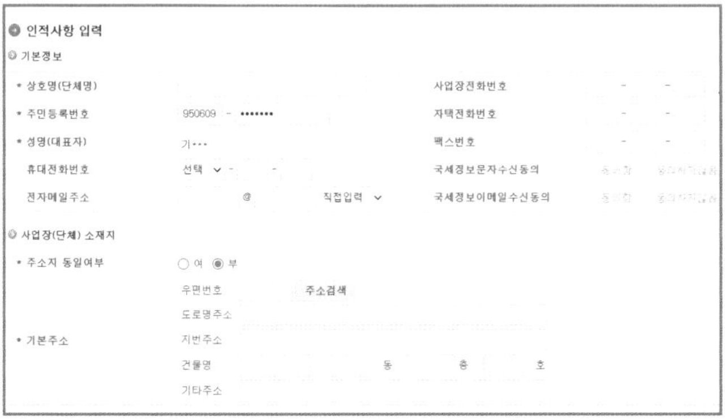

3. 신청화면에서 기본정보와 사업장 소재지 등 기본 인적사항을 입력합니다.

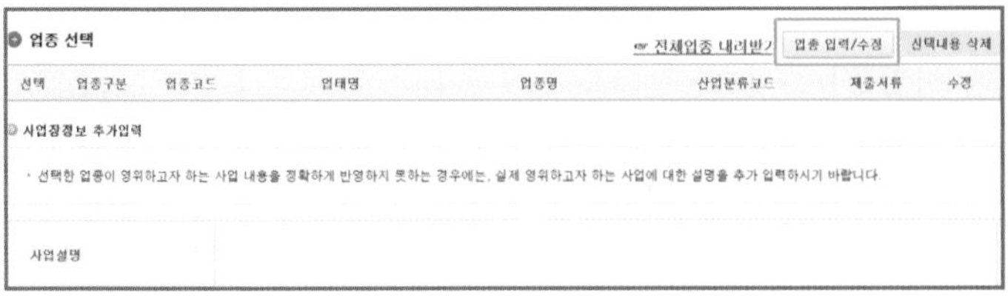

4. 이후 업종 업태를 클릭합니다.

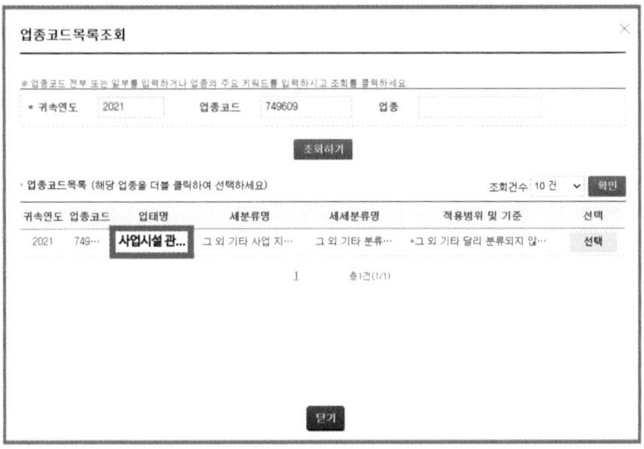

5. 코드목록에서 화면과 같이 업종코드 “749609”를 클릭한 후 “사업시설 관리”를 수기로 해외구매대행으로 수정합니다.

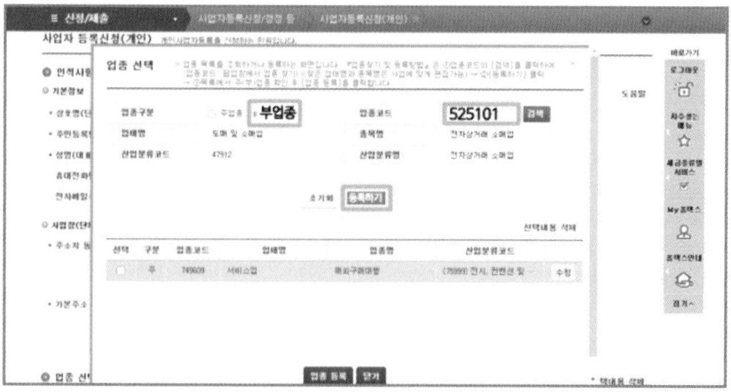

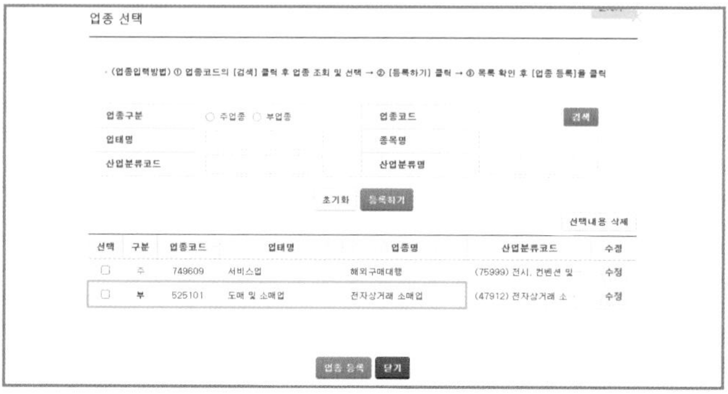

6. 부업종으로는 "525101"을 입력, 도매 및 소매업을 클릭합니다.

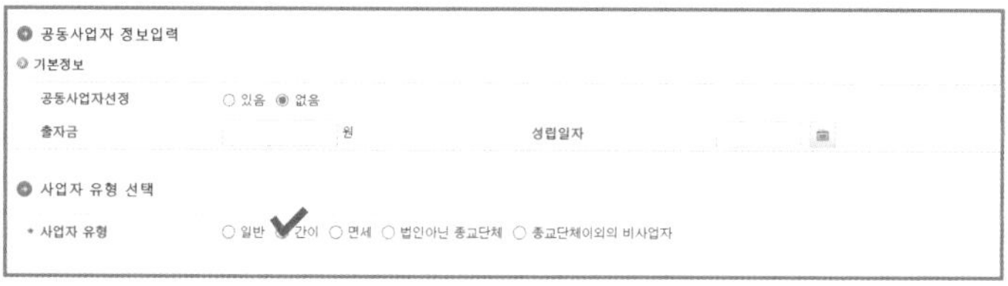

7. 마지막으로 사업자 유형에서는 간이사업자를 선택하는 것을 추천합니다.

연간 매출액이 4,800만 원 이하의 사업자들은 비과세 혜택을 받을 수 있으며, 매출액이 초과하더라도 자동으로 일반과세자로 전환되기 때문에 초반에는 간이과세자로 선택하는 것이 유리합니다.

사업자등록증명

(간이과세자)

발급번호	9835-609-7571-105
처리기간	즉시
상호(법인명)	
사업자등록번호	601-16-08674
성명(대표자)	
주민(법인)등록번호	
사업장소재지	
개업일	2020년 07월 22일
사업자등록일	2020년 07월 21일
업태	도매 및 소매업
종목	전자상거래 소매업
공동사업자	성명(법인명): 해당사항이 없습니다. / 주민(사업자)등록번호:

위와 같이 증명합니다.

※ 위 내용은 발급일 현재 상황으로서 추후 변경될 수 있습니다.

2020 년 7 월 25 일

접수번호	501976240250
담당부서	민원봉사실
담당자	이영재
연락처	032-540-6227

북인천세무서장 (인)

8. 모든 사항을 입력한 후 "확인" 버튼을 클릭하면 사업자 등록 신청이 완료되며, 1~2일 경과 후 관할구청에서 문자가 오면 사업자 등록은 마무리됩니다.

3-2

스마트스토어 가입하기

해외구매대행 전용 스마트스토어 오픈방법 두 번째, 스마트스토어 가입하기입니다.

사업자 등록이 완료되었으면, 드디어 스마트스토어를 오픈할 수 있게 됩니다. 우선 가입을 위해서 스마트스토어 판매자 센터에 접속해야 합니다. 그 후에 판매자 가입을 클릭한 후 판매자 유형에서 사업자를 선택하면 됩니다.

KEY POINT

- 쇼핑몰명은 검색 시 노출됩니다.
  ⇒ 따라서 처음부터 사람들이 검색하는 키워드로 넣어주는 것이 좋습니다.
  변경은 한 번 가능합니다.
- URL은 편하게 작성합니다.

- 소개글은 "○○○은 해외구매대행 전문 쇼핑몰입니다."라고 작성하면 됩니다.
- 고객센터 전화번호는 우선, 개인 연락처를 넣어 작성합니다.

  ⇒ 이 장 마지막에 무료로 쇼핑몰 전용 연락처를 발급받는 방법을 알아보겠습니다. 추후 쇼핑몰 전용 연락처를 발급 받았을 시, 해당 번호로 변경하면 됩니다.
- 정산대금 수령 계좌번호는 자신의 명의로 된 계좌번호를 입력하면 됩니다. (개인사업자이기 때문에 가능합니다)
- 담당자도 맞춰서 작성합니다.
- 서류를 넣습니다.
- 필수 서류와 관련하여 문자를 이용하고자 하면 휴대전화 번호를 입력합니다.
- 이후 구매안전서비스 이용확인증을 클릭하여 다운로드합니다.

① 회원가입

https://sell.smartstore.naver.com

스마트스토어에 접속합니다.

NAVER 스마트스토어센터
쇼핑파트너센터
광고
나만의 온라인 쇼핑몰
스마트스토어
온라인에서 상품을 팔고 싶은데, 쇼핑몰이 없으시다고요?
누구나 쉽게 만드는 스마트스토어로 시작하세요!
판매자 가입하기
로그인하기
스마트 스토어
쇼핑윈도
네이버 쇼핑
뭐가 다른지
모르시겠다고요?
가입 전 준비 안내 - 온라인에서 상품을 판매하기 위한 서류를 확인하세요 ›

1. 스마트스토어에 접속 후 "판매자 가입하기"를 클릭합니다.

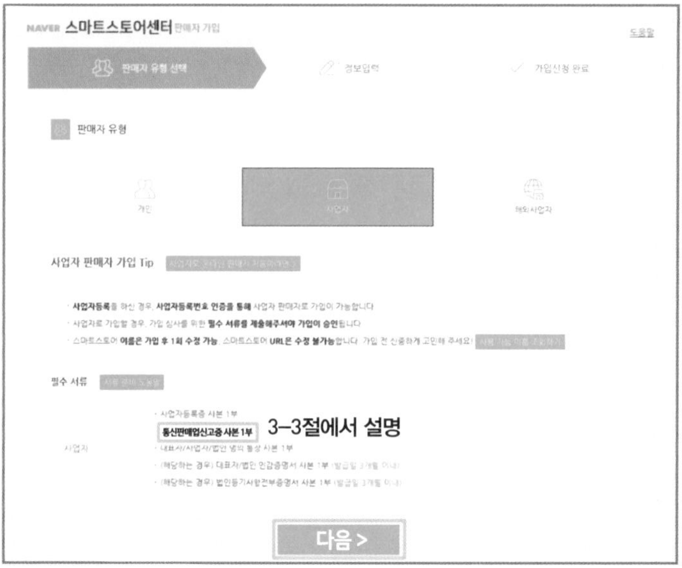

2. 필수 서류를 참고하고 사업자로 회원가입을 진행합니다.

3. 사업자등록번호를 입력합니다.

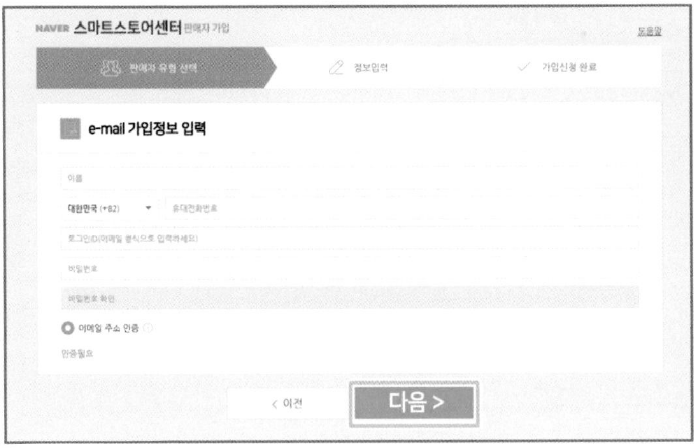

4. 이메일 주소를 입력 후 "다음"을 클릭합니다.

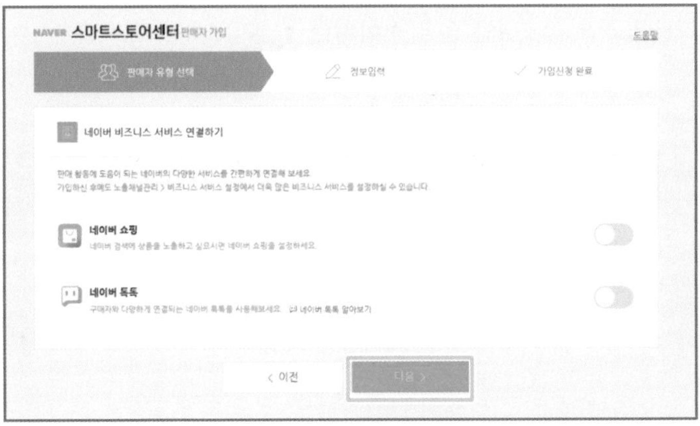

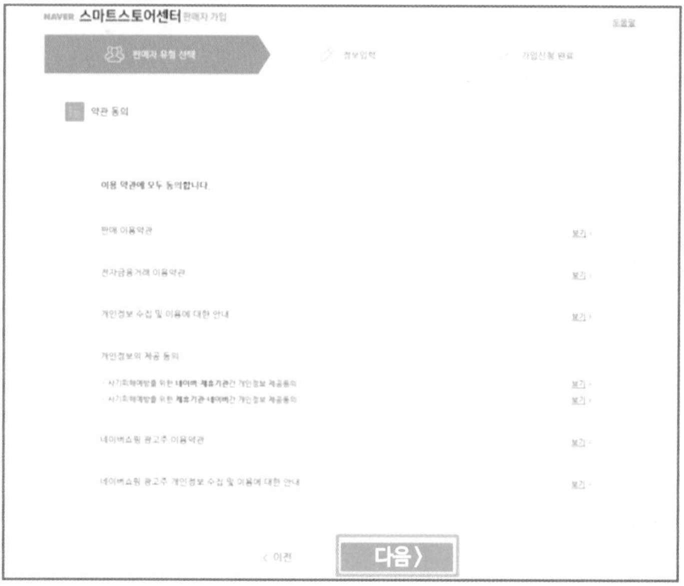

5. 약관에 동의 후 "다음"을 클릭합니다.

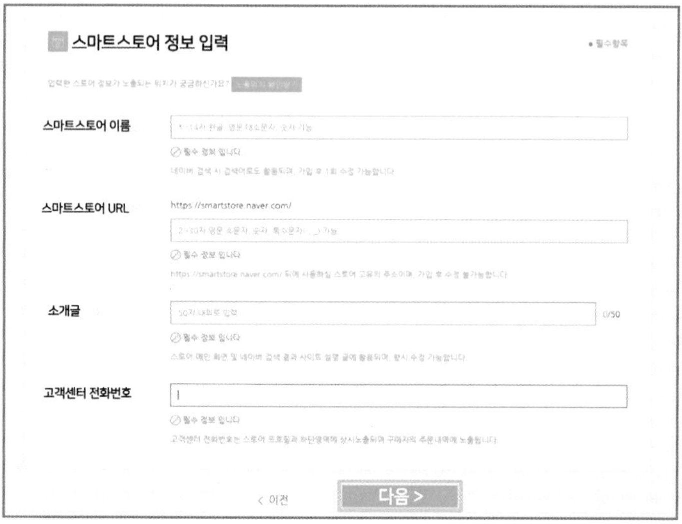

6. 스마트스토어 이름과 URL, 소개글, 고객센터 전화번호를 입력합니다.

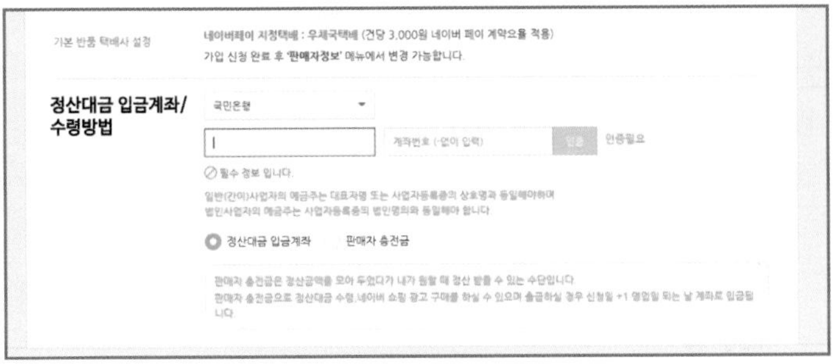

7. 정산대금을 수령할 계좌정보를 입력합니다.

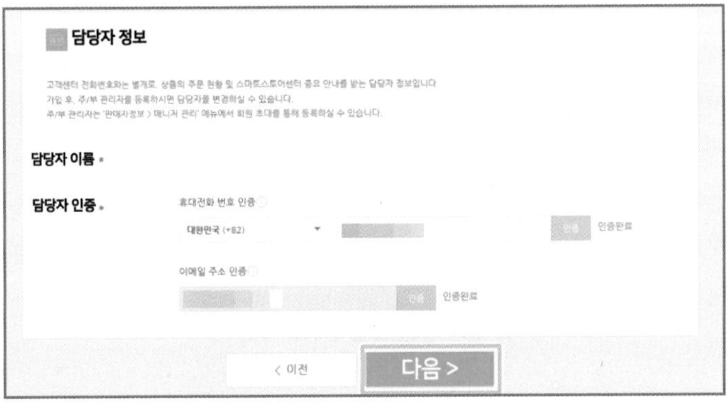

8. 스토어 담당자(대표)의 이름과 휴대전화 번호를 입력합니다.

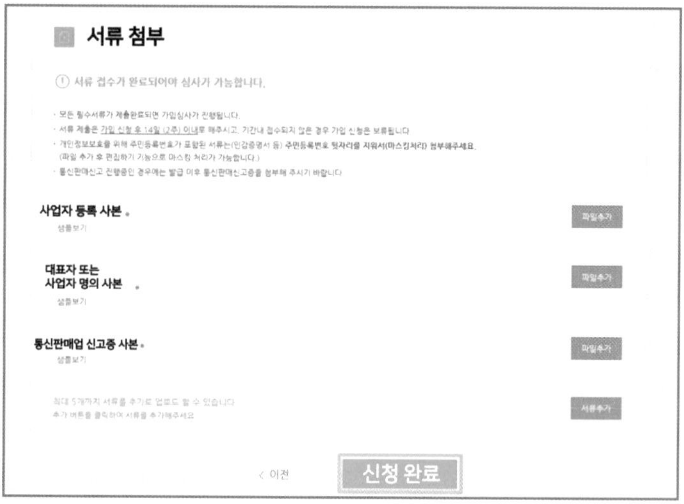

9. 마지막으로 필수 서류들을 확인한 후 “신청 완료”를 클릭합니다.

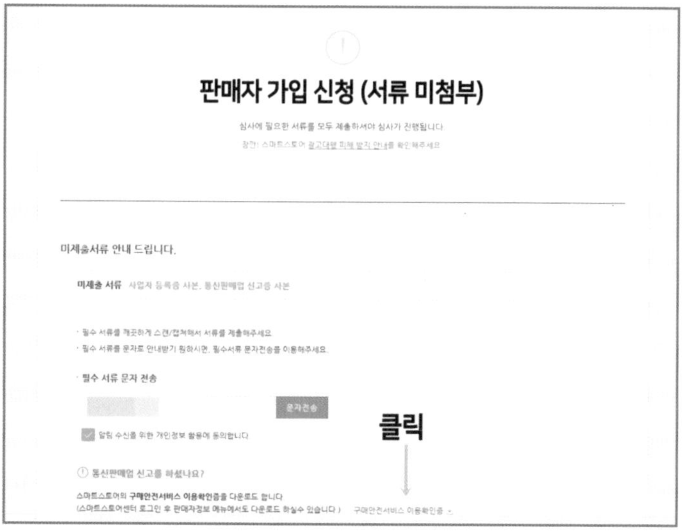

10. 필수 서류 관련하여 문자를 이용하고자 하면 휴대전화 번호를 입력합니다. 이후 “구매안전서비스 이용확인증”을 클릭하여 다운로드합니다.

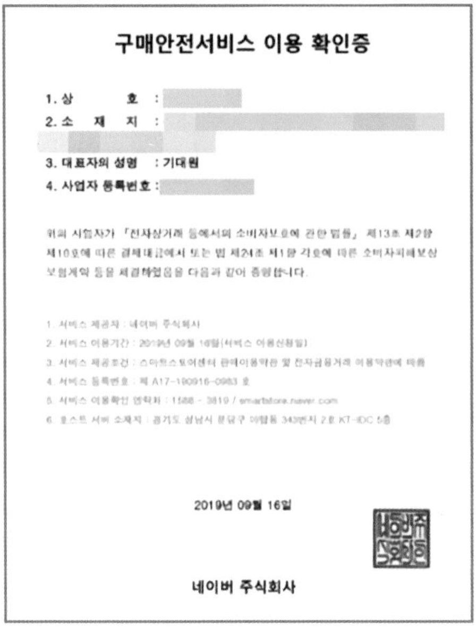

구매안전서비스 이용 확인증

1. 상 호 :
2. 소 재 지 :
3. 대표자의 성명 : 기대원
4. 사업자 등록번호 :

위의 사업자가 「전자상거래 등에서의 소비자보호에 관한 법률」 제13조 제2항 제10호에 따른 결제대금예치 또는 법 제24조 제1항 각호에 따른 소비자피해보상보험계약 등을 체결하였음을 다음과 같이 증명합니다.

1. 서비스 제공자 : 네이버 주식회사
2. 서비스 이용기간 : 2019년 09월 16일(서비스 이용신청일)
3. 서비스 제공조건 : 스마트스토어센터 판매이용약관 및 전자금융거래 이용약관에 따름
4. 서비스 등록번호 : 제 A17-190916-0983 호
5. 서비스 이용확인 연락처 : 1588 - 3819 / smartstore.naver.com
6. 호스트 서버 소재지 : 경기도 성남시 분당구 야탑동 343번지 2호 KT-IDC 5층

2019년 09월 16일

네이버 주식회사

11. 상호와 소재지 등을 확인하고 USB나 외장하드에 안전하게 보관합니다.

3-3

통신판매업 신고하기

해외구매대행 전용 스마트스토어 오픈 방법 세 번째, 통신판매업 신고하기입니다.

앞서 스마트스토어 오픈과정을 살펴보았습니다. 하지만 아직 완벽하게 오픈한 것은 아닙니다. 판매가 가능한 스마트스토어 오픈을 위해서는 통신판매업 신고증을 발급 받은 후 네이버측에 해당 신고증을 제출해야 합니다.

통신판매업 신고증은 구청에서 발급받을 수 있으며, 발급 받기 위해서는 "구매안전서비스 이용확인증"이 필요합니다.

그러면 완벽한 스마트스토어 오픈을 위해 필수적인 통신판매업 신고증을 발급받는 과정을 알아보겠습니다.

해당 단계를 진행하기 위해서는 앞서 스마트스토어 오픈과정에서 다운로드한 구매안전서비스 이용확인증이 꼭 필요합니다. 그러므로 이전 과정을 따라 하여 내려 받은 파일을 잘 보관해 두어야 합니다.

① 통신판매업 신고

https://www.gov.kr/

정부24 사이트에 접속합니다.

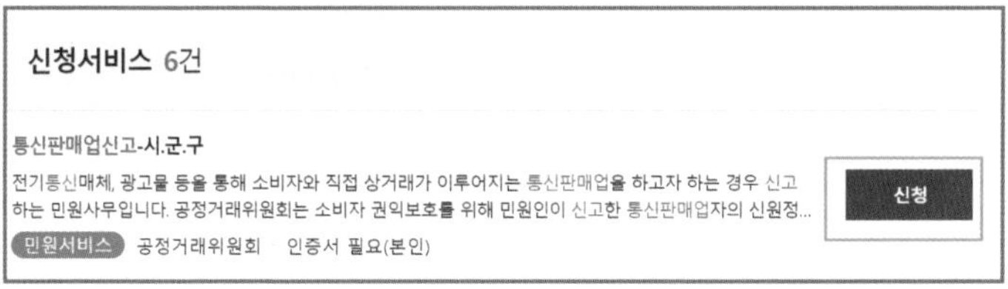

1. 정부24 통합검색에서 '통신판매업신고'를 검색 후 '통신판매업신고-시 · 군 · 구'에서 "신청"을 클릭합니다.

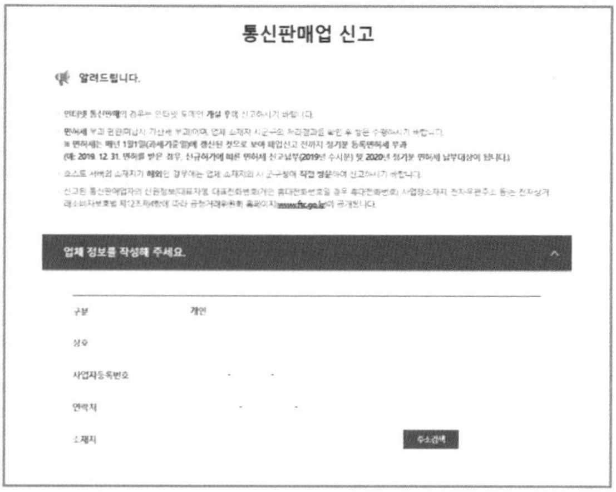

2. 업체 정보를 입력합니다.

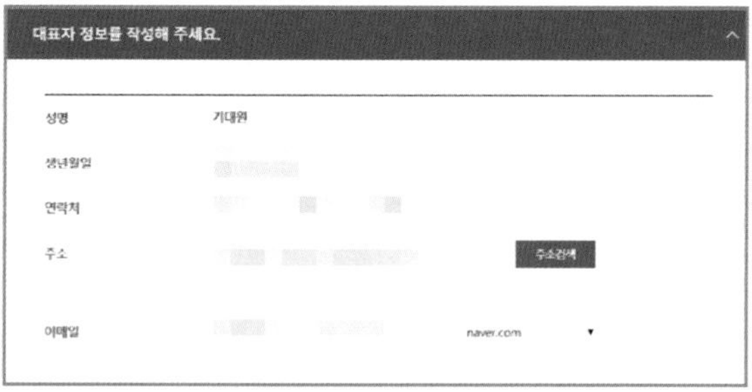

3. 대표자 정보를 입력합니다.

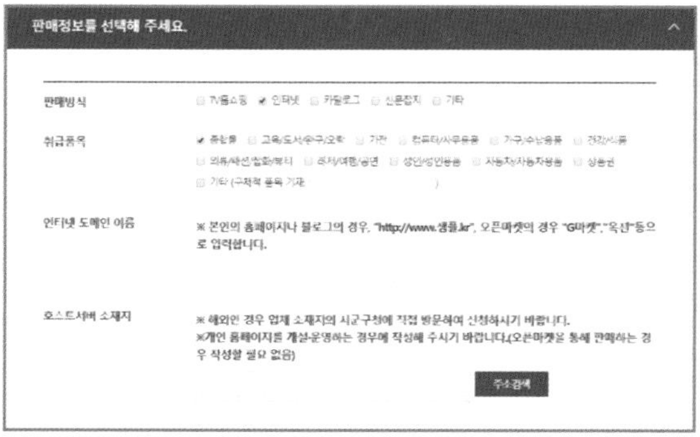

4. 목적에 맞게 판매방식과 취급품목을 작성하고 스마트스토어 인터넷 도메인 주소를 입력합니다.

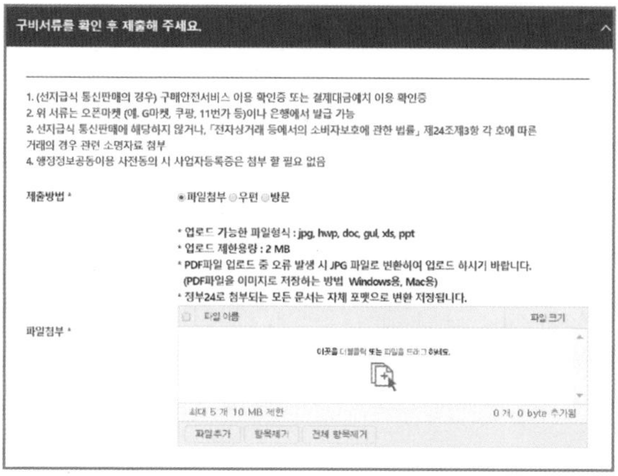
구비서류를 확인 후 제출해 주세요.
1. (선지급식 통신판매의 경우) 구매안전서비스 이용 확인증 또는 결제대금예치 이용 확인증
2. 위 서류는 오픈마켓 (예. G마켓, 쿠팡, 11번가 등)이나 은행에서 발급 가능
3. 선지급식 통신판매에 해당하지 않거나, 「전자상거래 등에서의 소비자보호에 관한 법률」 제24조제3항 각 호에 따른 거래의 경우 관련 소명자료 첨부
4. 행정정보공동이용 사전동의 시 사업자등록증은 첨부 할 필요 없음
제출방법 *
파일첨부 우편 방문
* 업로드 가능한 파일형식 : jpg, hwp, doc, gul, xls, ppt
* 업로드 제한용량 : 2 MB
* PDF파일 업로드 중 오류 발생 시 JPG 파일로 변환하여 업로드 하시기 바랍니다.
(PDF파일을 이미지로 저장하는 방법 Windows용, Mac용)
* 정부24로 첨부되는 모든 문서는 자체 포맷으로 변환 저장됩니다.
파일첨부 *
파일 이름
파일 크기
최대 5 개 10 MB 제한
0 개, 0 byte 추가됨
파일추가
항목제거
전체 항목제거

5. 이후 '파일첨부'란에 구매안전서비스 이용확인증을 첨부합니다.

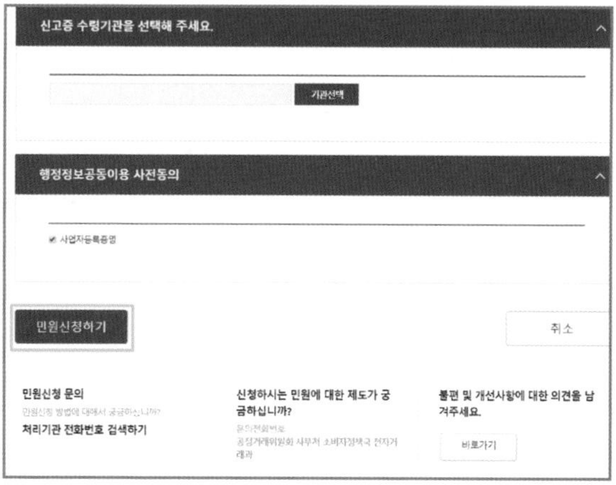
신고증 수령기관을 선택해 주세요.
기관선택
행정정보공동이용 사전동의
사업자등록증명
민원신청하기
취소
민원신청 문의
처리기관 전화번호 검색하기
신청하시는 민원에 대한 제도가 궁금하십니까?
공정거래위원회 사무처 소비자정책국 전자거래과
불편 및 개선사항에 대한 의견을 남겨주세요.
바로가기

6. 신고증을 수령 받을 가까운 공공기관을 선택 후 "민원신청하기"를 클릭하여 통신판매업신고를 마칩니다.

약 3~4일 후 구청에서 발급 완료 문자가 오면 민원 신청한 구청에 방문하여 직접 받아오면 끝!

서류를 받을 때, 비용이 45,000원이 발생합니다.

발급을 받았으면 해당 통신판매업신고증을 촬영하여 네이버에 제출합니다.

드디어 스마트스토어 오픈이 완료되었습니다!

3-4

해외판매자 승인 요청하기

해외구매대행 전용 스마트스토어 오픈 방법 마지막, 해외판매자 승인 요청입니다.

지금까지의 과정을 통해서 드디어 쇼핑몰 오픈이 끝이 났습니다. 그렇다고 바로 해외제품을 판매할 수 있을까요? 정답은 "아닙니다." 그 이유는 네이버 측에 해외판매자 인증을 받아야 하는 과정이 남아 있기 때문입니다.

방법은 쉽습니다.

1. 스마트스토어센터 로그인
2. 판매자 정보 – 상품판매권한 신청
3. 해외상품 판매를 선택하면 끝!

여기서 병행수입과 등을 선택하면 됩니다.

이렇게 해외판매 신청을 해야 제품 출고지를 해외로 선택할 수 있게 되며, 출고지를 해외로 두어야 해외구매대행 상품으로 고객들에게 노출할 수 있게 됩니다.

3-5

사업자 전화번호 만들기

이 책을 읽고 있다면 해외구매대행 사업을 투잡 혹은 부업으로 시작하려는 사람들이겠지요?

즉, 이미 하고 있는 일이 있다는 것인데요. 만약 쇼핑몰을 오픈하고 고객에게 노출되는 번호가 기존에 사용하던 번호라면, 부업 때문에 본업이 지장 받는 일이 생깁니다.

예를 들어, 스마트스토어에 기존에 사용하던 휴대전화 번호를 노출한다면 쇼핑몰 고객에게 전화가 온 것인지 회사 내부 일로 전화가 온 것인지 구분할 수 없게 됩니다. 그래서 항상 긴장하며 전화를 받게 됩니다.

이런 일을 방지하기 위해서 사업용 전화번호를 만들 것을 추천합니다. 굳이 처음부터 휴대전화 두 대를 사용할 필요는 없습니다. 왜냐하면 네이버에서 한 개의 핸드폰에 번호 한 개를 더 쓸 수 있는 비즈번호를 제공해 주고 있기 때문입니다.

네이버에서 비즈번호를 받을 경우, 여러분은 050으로 시작되는 비즈번호를 쇼핑몰에 노출시키면 됩니다. 그리고 해당 번호로 연락이 올 경우 여러분들은 비즈번호로 연락 온 것을 확인할 수 있게 됩니다.

그러면 무료로 사업용 전화번호를 만드는 방법을 알아보겠습니다.

무료로 사업자번호를 지원해 주는 '모두'에 접속합니다.

https://www.modoo.at/home

('모두'는 번호를 지원해 주는 것뿐만 아니라 홈페이지 제작도 무료로 할 수 있도록 도와줍니다.)

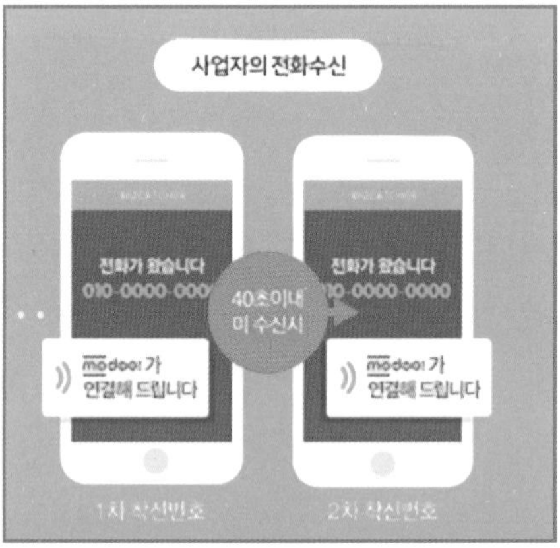

1. 홈페이지에 접속 후 "나도 시작하기"를 클릭합니다.

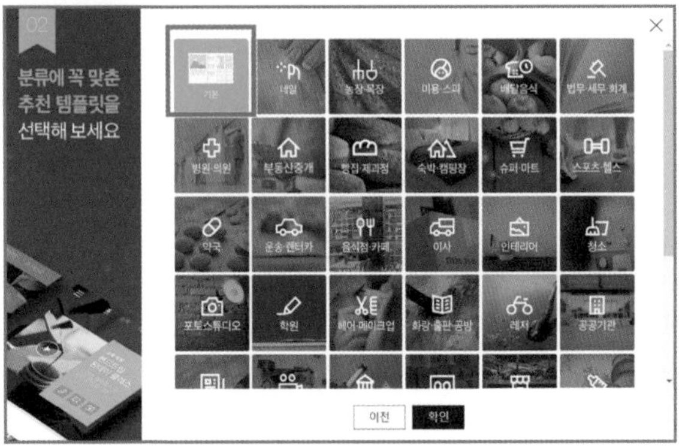

2. 목적에 맞게 선택 후 “확인”을 클릭합니다.

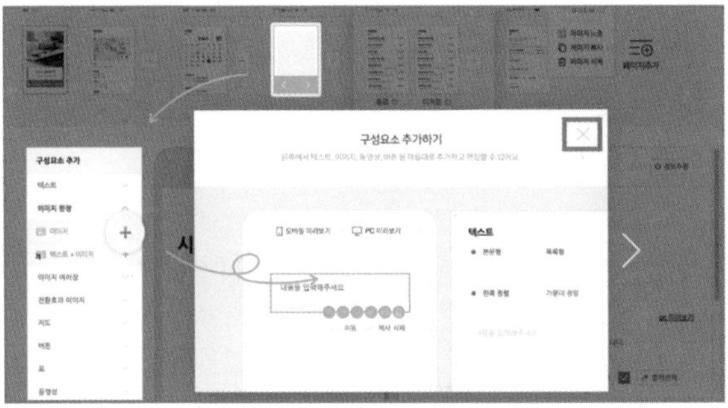

3. 홈페이지 제작에 관심이 있다면 구성요소를 추가하고, 사업자 전화번호만 추가하고 싶으면 “×”를 클릭합니다.

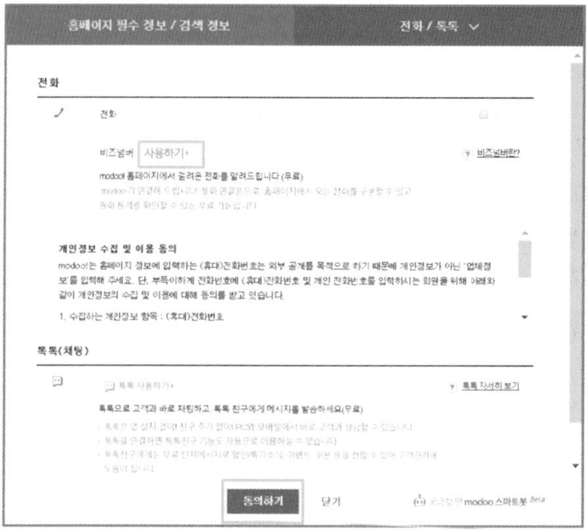

4. 이후 자신의 휴대전화 번호를 입력 후 비즈넘버 '사용하기'를 클릭하고 약관에 동의합니다.

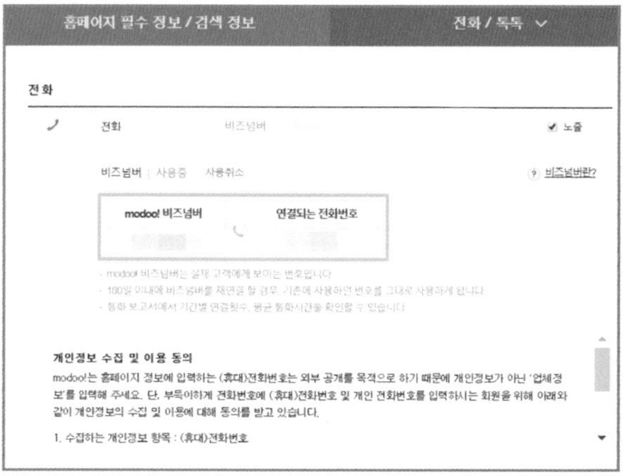

5. 자신의 휴대전화와 연결된 비즈(BIZ) 사업자 전화번호가 생성되었습니다.

구매대행 사업 시 미리 해두면 좋은 것 첫 번째: 구매대행 전용 카드 만들기

해외구매대행 사업 시 고객을 대신해서 해외에서 제품을 구매할 때, 구매하는 카드의 종류에 따라 여러분의 수익이 달라진다는 사실 알고 있나요?

실제로 사용하는 카드에 따라 많게는 3%까지 수익률이 늘어날 수 있습니다. 그 이유는, 몇몇 카드사에서는 특정 카드로 해외 결제 시 다양한 혜택을 주고 있기 때문입니다.

해외구매대행 사업 시, 해외결제에 유리한 카드를 이용하면 추가 수익을 얻을 수 있습니다.

그러면 제가 이용하고 있는 카드들을 알려드리겠습니다.

카드 만들기

롯* 카드–스카이패스 더 드림

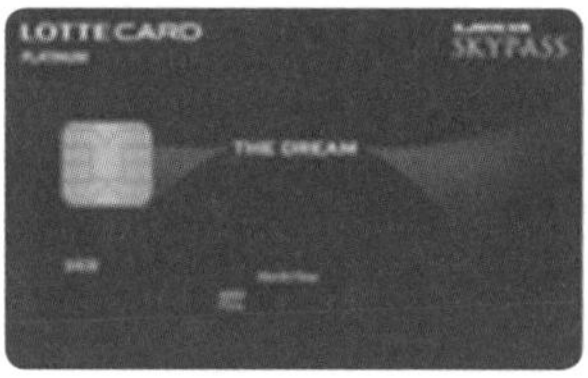

- 연회비 25,000원
- 해외 결제금액 1,000원당 대한항공 마일리지 2점(구매액 3% 마일리지 혜택)
- 한도 제한 없음
- 공항라운지 무료 이용
- 해외여행에 특화된 카드

해외구매대행 사업을 한다면 무조건 있어야 할 롯* 스카이패스 카드입니다. 낮은 연회비에 높은 마일리지 적립율, 게다가 적립 한도도 제한을 두고 있지 않아 여행을 좋아하고 해외로 자주 출장을 가는 사람에게 더 없이 좋은 카드입니다.

삼*카드–글로벌쇼핑 삼*카드 5 V2

- 연회비 18,000원
- 해외 결제금액 1% 포인트 적립
- 해외 결제 시 국제브랜드 수수료 1% 면제
- 한도 제한 없음
- 공항라운지 무료 이용

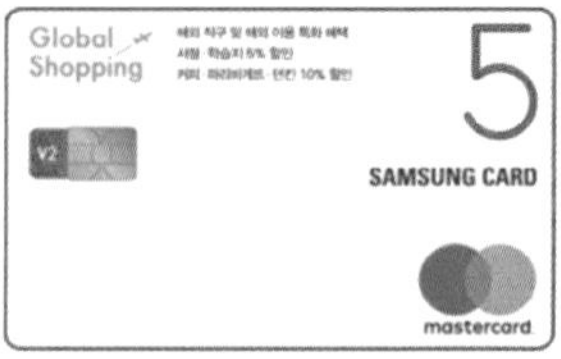

이 카드는 해외결제 시 1%의 캐시백을 해 주는 카드입니다. 역시 한도는 없습니다. 가령, 해외구매대행 사업으로 1,000만 원을 해외제품 구매로 사용하였을 경우 10만 원이 현금으로 돌아오게 됩니다.

앞선 더드림 스카이패스에 비해서 비율은 낮지만, 현금으로 들어온다는 장점이 있습니다. 항공을 이용할 시간이 없고, 현금이 중요하다고 생각하는 사람들은 삼*카드 5V2의 이용을 추천합니다.

이 카드 역시 가성비가 좋은 카드로, 적은 연회비로 포인트 무한적립과 해외 결제 시 수수료 1%를 면제해 주므로 구매대행에 사용하기에 적합한 카드입니다.

참고로 개인사업자의 경우, 사업자 통장이 아니어도 괜찮으니 구매대행 사업으로 사용할 통장을 해당 카드와 연동시켜서 사용하면 됩니다. 연회비가 있으나 연회비 이상의 수익을 얻을 수 있으므로 반드시 해외구매대행 전용카드를 만들길 바랍니다.

구매대행 사업 시 미리 해 두면 좋은 것 두 번째: 사업전용 통장분리하기

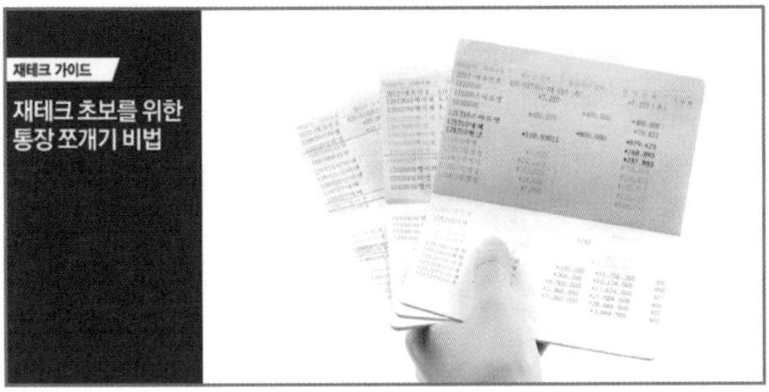

개인사업자의 경우 통장명의가 같으면 사업자 통장이 아니더라도 사업용 통장으로 활용 가능합니다. 다만, 통장들을 계획 없이, 구분 없이 이용할 경우 추후 세무 처리에 어려움을 겪을 수 있으니 용도에 따라 통장을 분리시켜두어야 합니다.

해외구매대행 사업은 크게 두 가지로 분리하면 좋습니다.

첫 번째, 매입 전용 통장
두 번째, 배송대행지 전용 통장

첫 번째의 매입 전용 통장은 고객 제품을 해외에서 대신 구매할 때만 사용하는 통장을 말합니다.

해당 통장은 수입통장으로 활용해도 괜찮습니다. 강조하는 부분은 비용 부분입니다. 이 통장은 해외구매대행 제품 구매내역만 남겨두어야 추후 세무 처리 시 좀 더 편하게 진행할 수 있습니다.

두 번째의 배송대행지 전용 통장은 배송대행지 비용만 쓰는 통장을 말합니다. 개인 사정상 이 두 가지를 나눌 수 없다면 함께 쓰셔도 괜찮습니다.

하지만, 반드시 기억해야 하는 것은 사업에 이용하는 통장에 사업 외 비용들이 들어가면 세무 처리 시 불편함을 겪게 되므로 꼭 사업용 통장은 사업에만 쓰길 강력하게 추천합니다.

사업전용 통장 분리

사업자 통장은 비용에 따라 분류해야 세무 처리 시 편리합니다.

1. 매입 전용 통장
   - 해외 제품 구매 시 사용
   - 매출 통장(수입 통장)으로 활용 가능
   - 사업 외 사용 절대 불가

2. 해외 배송비 전용
   - 배송대행지 이용 비용 지출 시 사용
   - 사업 외 사용 절대 불가

CHAPTER

4

마진을 높여주는 제품 수익구조 분석작업

4-1

해외구매대행 사업의 순수익

해외구매대행 사업의 순수익은 어떻게 계산할까요?

간단하게 생각하면 판매한 금액, 즉 수익에서 수익을 위해 들어간 비용을 뺀 나머지 금액이 순수익입니다.

그러면 해외구매대행 사업 시 수익과 비용은 무엇이 있을까요?

다음과 같이 수익에는 스마트스토어에 올리는 가격인 실판매액과 배송료가 있고, 비용에는 제품 구매비용부터 배송대행지비용까지 다양한 비용이 있습니다.

해외구매대행 순수익 = 수익 − 비용

↓

해외구매대행 순수익 = 수익(실판매액, 배송료) − 비용(제품 구매비용, 배대지 비용, 플랫폼수수료, 관부가세, 카드수수료, 부가세 등)

처음 해외구매대행 사업을 하는 사람들의 순수익을 측정하는 방법을 보면 수익 부분은 잘 놓치지 않는데, 이 비용 부분에서 생각보다 많은 것들을 빠뜨리고 측정하고 있었습니다.

그래서 실제 마진이 없는 상태에서 제품을 판매하는 경우도 봤었습니다.

적어도 이 책을 보는 여러분들은 이런 실수를 하지 않길 바라면서 지금부터 조금 더 자세하게 해외구매대행 사업의 순수익을 측정하는 방법을 알려드리겠습니다.

4-2

해외구매대행 제품의 수익

해외구매대행 수익 = 실판매액 + 배송료

앞서 해외구매대행 사업의 수익은 실판매액과 배송료라고 알려드렸습니다. 그렇다면 실판매액은 무엇이고, 배송료는 무엇일까요?

먼저 실판매액부터 살펴보겠습니다.

실판매액이란 제품을 판매할 때 할인가를 적용해서 고객에게 실제로 받게 되는 판매액을 이야기합니다.

이 자료를 보면 쉽게 이해할 수 있을 것입니다. 이 자료는 실제 스마트스토어에 제품을 올리기 위해 가격을 측정할 때 보이는 창입니다.

보다시피 판매가, 할인금액을 모두 판매자가 직접 작성하게 되어 있습니다. 예시에서는 판매가를 1,000만 원/할인금액을 9,999천 원을 작성했습니다.

이럴 경우 제가 말하는 실판매액은 1,000원이 되는 것입니다.

스마트스토어에는 할인가라고 작성되어 있으나 할인가라고 명칭할 경우, 종종 할인해 주는 가격과 헷갈리는 사람들이 많아 저는 실제 고객에게 받는 금액인 이 부분을 실판매액이라고 설명하고 있습니다.

그다음은 배송료에 대해 살펴보겠습니다.

국내에서 제품을 살 때 소비자들이 냈던 택배비를 생각하면 되겠습니다. 제품을 사는 고객입장에서는 택배비인데, 이 부분이 바로 배송료입니다.

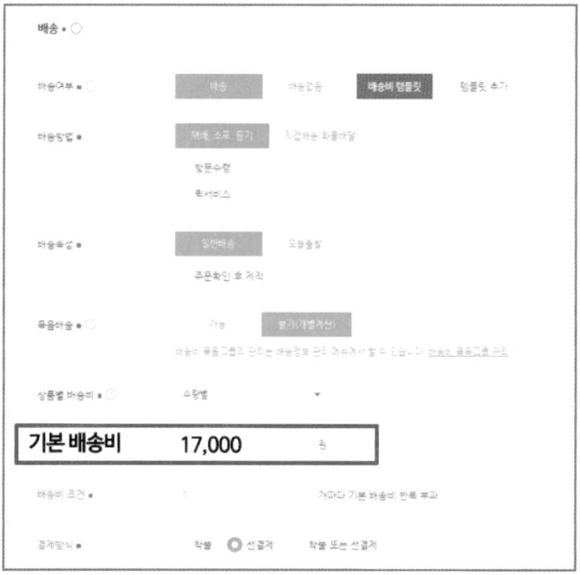

이 배송료 역시 판매자가 임의로 작성할 수 있으며, 해외구매대행의 경우 일반적으로 1만 원으로 설정하여 판매하고 있습니다.

다음 자료는 앞에 세팅한 제품이 실제 고객에게 보이는 모습입니다.

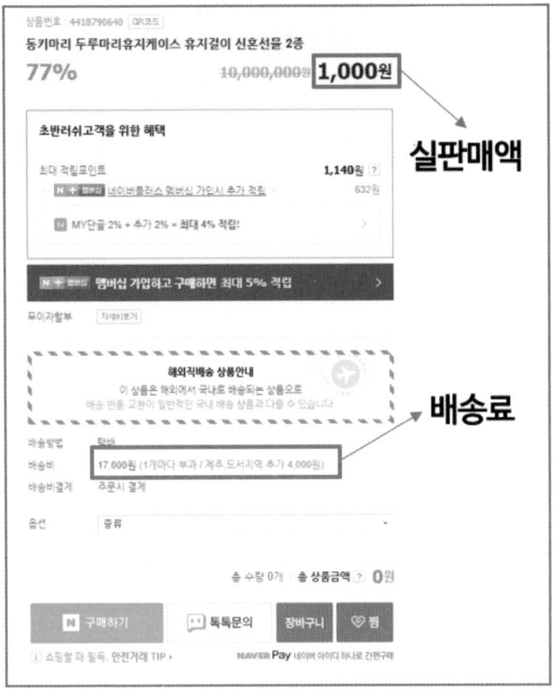

판매가는 1,000원이고, 배송비는 17,000원으로 보이는 것을 확인할 수 있습니다.

여기서는 고객에게 제품가격으로 받는 1,000원이 실판매액이고, 17,000원이 배송료로 해당 제품의 수익은 18,000원이 됩니다.

그런데 여기서 흔히 눈속임이라고 할 수 있는 중요한 부분이 있습니다. 판매가를 낮추고 배송비를 올리거나, 판매가를 올리고 배송비를 낮추어도 결국 버는 금액은 같은 것을 알 수 있습니다.

이것을 이용하여 배송비를 올리고 판매가를 낮춰 상대적으로 상품비용이 저렴해 보이는 효과를 볼 수 있습니다.

4-3

해외구매대행 제품 비용

해외구매대행 제품의 수익을 알았으니 이제 돈이 나가는 비용 부분을 확인해야 합니다.

우선 구매대행 사업의 비용 부분을 나열해 보면 다음과 같습니다.

- 제품 구매비용
- 배송대행지 비용
- 카드수수료
- 관부가세
- 플랫폼수수료
- 부가세 등

제품 구매비용과 배송대행지 비용 이외에 카드수수료, 관부가세, 플랫폼수수료, 부가세 등의 비용들은 생소할 수 있습니다.

① 제품 구매비용

비용 부분에서 가장 크게 차지하는 비용은 제품 구매비용입니다. 제품 구매비용이란 말 그대로 판매하고 있는 제품의 원가격입니다.

이 제품 같은 경우, 160위안으로 한화로 27,800원 정도됩니다.

위안화의 경우 매일 환율이 변하기 때문에 제품 구매비용이 조금씩 바뀝니다. 환율을 매일 매일 확인하는 것은 사실상 어렵기 때문에 제품 선정 시에는 환율을 보수적으로 잡아서 해당 제품의 최소 마진을 측정하는 것이 좋습니다.

예를 들면, 제품선정 시 1달러당 환율을 1,250원, 1위안당 175원으로 잡게 되면 환율이 그 이상 올라가는 일이 거의 없기 때문에 처음 잡았던 마진보다는 실제 더 많은 수익을 얻을 수 있고, 매일 환율을 확인하지 않아도 사업을 수월하게 진행할 수 있습니다.

결국, 제품의 원가격은 제품을 구매하는 비용으로 제품 선정 시 환율을 보수적으로 측정하여 최소 마진을 보는 것을 추천합니다.

② 배송대행지 비용

해당 제품을 배송대행지에서 고객 주소지까지 보내주는 비용을 이야기합니다. 이 측정 방법은 해당 제품의 무게(kg)를 확인해서 비용을 넣어주면 됩니다.

청도(항공) | 청도(해상)

무게	산타빌리지
1.0kg	6,500원
1.5kg	7,200원
2.0kg	7,900원
2.5kg	8,600원
3.0kg	9,300원
3.5kg	10,000원

- 제품가격 150달러 이상 시 18% 붙음
- 미국의 경우 200달러
- 사업자 통관으로 진행하면 됨
- 초보자는 150달러 이하 추천

③ 카드수수료

해외사이트에서 국내카드로 결제할 경우, 몇몇 사이트에서는 카드수수료가 발생합니다.

해외구매대행 사업자가 가장 많이 이용하는 타오바오의 경우 구매금액의 3%를 받고 있습니다. 이 부분도 비용 측정할 때 꼭 넣어두어야 합니다.

④ 관부가세 및 플랫폼수수료

관부가세는 제품 구매비용이 미국의 경우 200달러가 넘어가면 붙게 되는 관세와 부가세비용입니다.

직구 시, 150달러 이상 제품에 관부가세가 붙듯이 해외구매대행으로 판매 시에도 관부가세가 붙게 됩니다. 이를 처리하기 위해서는 일반적으로 사업자 통관으로 사업자가 제품가격의 18%를 세금으로 납부 후 고객에게 넘겨줍니다.

하지만 이 과정이 귀찮고 복잡하기 때문에 초보자들은 처음에는 150달러 이하의 제품을 선택하여 판매하는 것을 추천합니다.

구매대행 수수료의 10% 세금 납부
(제품 구매비용 + 배송대행지 비용 + 관부가세 - 순판매액 - 배송료) × 10%

부가세 납부 기간에 한 번 납부하게 됨
따로 계산해두지 않을 경우 세금 폭탄 맞음

다음은 플랫폼수수료입니다.

플랫폼수수료는 판매액의 일정 금액을 판매된 플랫폼에 지급해야 하는 비용입니다. 네이버 스마트스토어의 경우 5.74%, 쿠팡은 10%, 옥션/G마켓 11%, 위메프 16.5%와 같이 측정되어 있습니다.

이 부분 역시 비용에 계산해 두지 않을 경우 처음 생각한 것보다 마진이 줄어들게 됩니다.

플랫폼수수료

판매가의 일정 부분을 스토어에 지불하는 비용

- 스마트스토어의 경우 5.74%
- 쿠팡 10%
- 옥션/G마켓 11%
- 위메프 16.5%
- 기타 10% 이상

⑤ 부가세

앞서 해외구매대행 사업은 서비스업으로 구매대행 수수료가 매출이라고 알려드렸습니다.

이 구매대행 수수료의 10%를 부가세 납부기간에 맞춰 정부에 납부해야 하는데요. 이 부가세 10% 역시 비용이기 때문에 꼭 제품 마진 측정 시 넣어두어야 합니다.

4-4

제품별 마진 계산 방법

앞서 해외구매대행 사업에서의 일반적인 수익과 비용에 대해서 살펴보았습니다. 그러면 지금까지 살펴본 내용들로 제품의 순익을 측정할 수 있을까요? 다음과 같이 판매액과 배송료를 모두 합하고, 비용이었던 부분을 모두 빼주면 되는데요.

실판매액	+	배송료	−	제품가격	−	카드수수료	−	배대지비용	−	플랫폼 수수료	−	부가세	=	순수익
25,620 원		13,000 원		160 ¥ (28,000원)		840원		4,880원		2,317원		574원		2,009 원

이 제품은 실판매가 25,620원/배송료 13,000원이며, 구매비용은 160위안/배대지 비용 4,880원입니다.

단순하게 봤을 때는 순익이 5,740원 정도가 남는 것처럼 보입니다.

하지만 실제 이 제품의 순익을 계산해 보면 판매액 25,620원/배송료 13,000원, 여기서 제품가격 카드수수료 3% 배대지비용, 플랫폼수수료 약 6%, 부가세 10%를 빼면 이 제품의 순익은 2,009원이 됩니다. 제품 차액만 비교했던 것과는 확연히 다른 결과가 나타나게 됩니다.

방금 예시에서 보았듯이 정확하게 순익을 계산하는 방법을 모르면 실제로 손해를 보면서 판매하게 될 수도 있습니다. 지금까지 살펴본 내용을 바탕으로 앞으로 해외구매대행 사업 시 정확한 마진 측정을 하길 바랍니다.

이미지 검색과 키워드 검색으로 해외사이트에서 제품을 찾았으면 제품의 구입가와 해외배송비 예상 판매액 및 배송료를 더한 마진을 확인하면 됩니다.

방금 전 찾았던 우산꽂이를 통해서 진행과정을 보여드리겠습니다.

예시)

상품명	품명(키워드)	URL	구입가	통화	구입국	해외배송비	합산액	판매액 (KRW)	배송료 (KRW)	최종마진	날짜	구입처	경쟁사 URL	REMARK
빈티지 스	빈티지 스텐드	30r.1.999.6	98	CNY	중국	12,000	29,150	50,500	-	15,671	2019-10-05	타오바오	https://search.shopp	
빈티지 스	빈티지 스텐드	30r.1.999.6	99	CNY	중국	12,001	29,326	50,500	-	15,507	2019-10-05	타오바오	https://search.shopp	

이처럼 엑셀로 관리하면 판매하는 제품이 무엇이고, 마진이 얼마인지 쉽게 알 수 있기 때문에 자신만의 엑셀로 상품을 관리하는 것을 권장합니다.

이 장에서는 판매할 제품을 찾은 이후 해당 제품의 판매처를 찾고 상품의 마진을 확인하는 방법을 알아보았습니다.

앞으로 여러분들도 알려드린 방법으로 판매하고 싶은 제품이 생겼을 때, 제품 판매처를 찾을 수 있으며 더 나아가 해당 제품의 마진을 확인한 후 판매가 가능한지 간단히 판단할 수 있습니다.

4-5

원가 절감을 통한 마진 높이기

판매된 제품이 타오바오의 제품이라면 더 싸게 구매할 수 있다는 사실 알고 계신가요?

할인을 통해 마진을 높이는 방법에 대해 알아보겠습니다.

스마트스토어에서 판매가 이루어진 후에는 판매건에 맞춰 해외에서 상품을 구매해야 합니다. 그런데 팔린 상품이 중국, 특히 타오바오 상품이라면 보이는 가격보다 더 저렴한 가격으로 구매할 수 있습니다.

할인을 받을 수 있는 두 가지의 팁을 공개하겠습니다.

① 팁 쿠폰을 통해 할인받는 방법

가장 간단하고 쉬운 방법으로 판매자가 발행한 쿠폰을 다운로드 받아 할인을 받는 방법입니다.

평균적으로 원가대비 약 5% 이상 싸게 구매 가능하며, 타오바오 사이트

내 50% 정도의 상품들을 이 방법으로 저렴하게 구매할 수 있습니다.

쿠폰 발급 방법 또한 간단합니다.

쿠폰 할인 방법

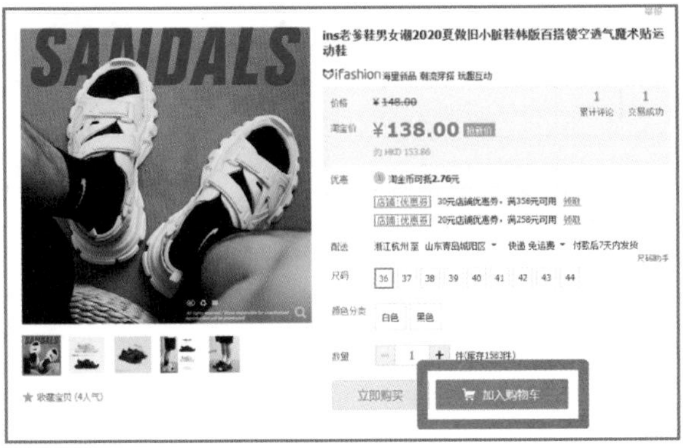

1. 구매하고자 하는 상품을 "장바구니"에 등록합니다.

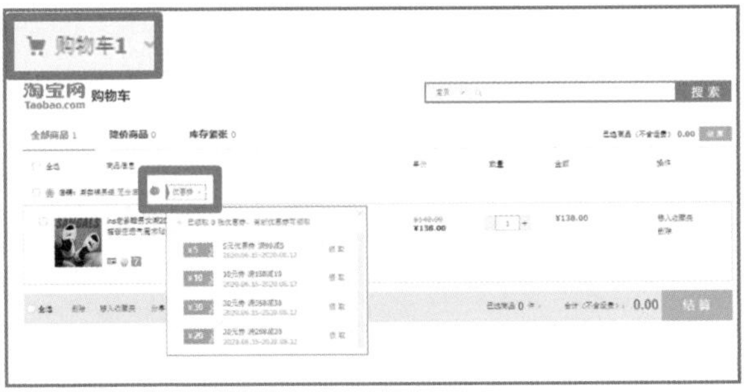

2. "장바구니"에 들어간 이후 받을 수 있는 쿠폰을 발행합니다.

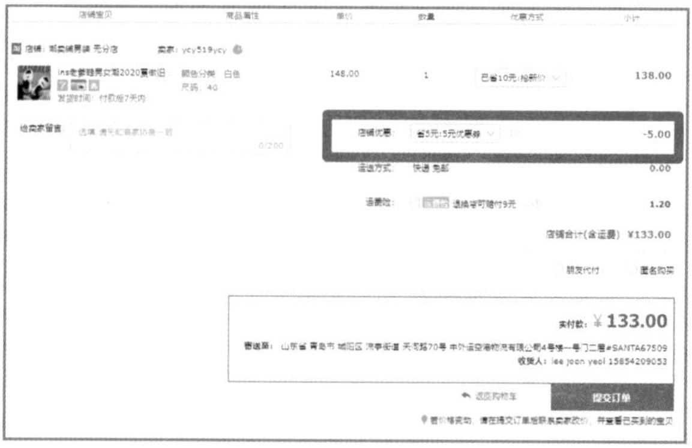

3. 쿠폰을 적용 후 할인된 가격으로 결제합니다.

② 대화를 통해 협상하기

판매자와 대화를 통해 가격 흥정을 하는 방법입니다. 중국에서는 온라인 내에서 대화를 통해 상품 가격을 흥정할 수 있습니다. 이런 흥정을 통해서 실제 상품 원가를 낮출 수 있어 마진이 높아지게 됩니다.

흥정은 "알리왕왕"을 통해서 진행합니다. 알리왕왕이란 중국 타오바오 내 판매자와 실시간 대화를 할 수 있는 메신저입니다. 이 메신저를 통해서 판매자와 대화를 하고 이 대화를 통해서 가격을 흥정하는 것입니다.

알리왕왕을 사용하기 위해서는 가장 먼저 알리왕왕을 설치해야 합니다. 해당 웹사이트에 가면 바로 다운로드가 가능하며, 다운로드가 완료되면 타오바오 아이디로 로그인해서 상품 판매자와 대화하면 됩니다.

알리왕왕 https://wangwang.taobao.com/

- 알리바바, 타오바오 전용 메신저
- 구매자와 판매자 간에 실시간 대화 가능
- PC버전 다운로드 후 이용 가능
- 대화를 통해서 가격 할인을 받을 수 있음

이 방법은 상품 결제 전 '지불 보류' 상태일 때 판매자가 가격을 수정할 수 있기 때문에 먼저 상품이 지불 보류되게 만들어야 합니다. 방법은 다음과 같습니다.

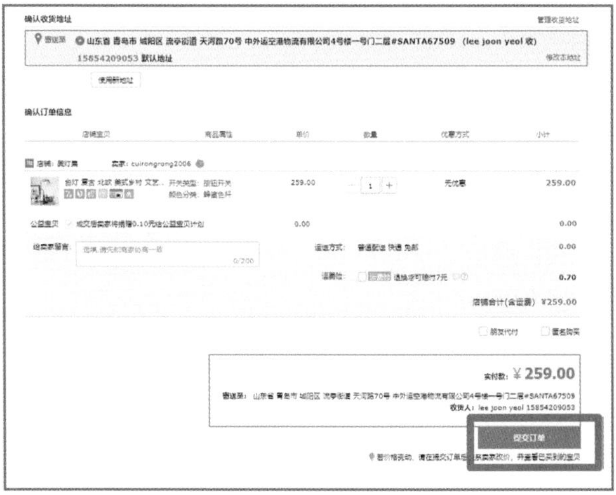

1. 원하는 상품을 선택 후 "결제" 버튼을 클릭합니다.

2. 카드를 선택하면 결제 창이 나옵니다. 중요한 점은 가격 수정 전에 결제하면 할인받을 수 없기 때문에 화면을 닫고 나옵니다.

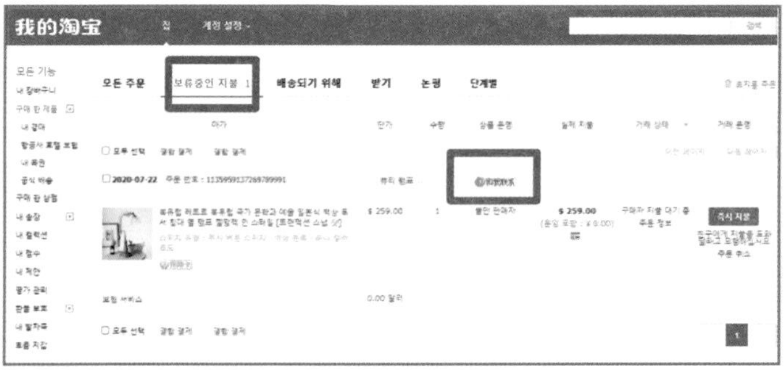

3. 구매한 제품을 확인하는 화면으로 들어가서 방금 전 결제 취소했던 상품의 알리왕왕 아이콘을 클릭하여 판매자와 대화를 시도합니다.

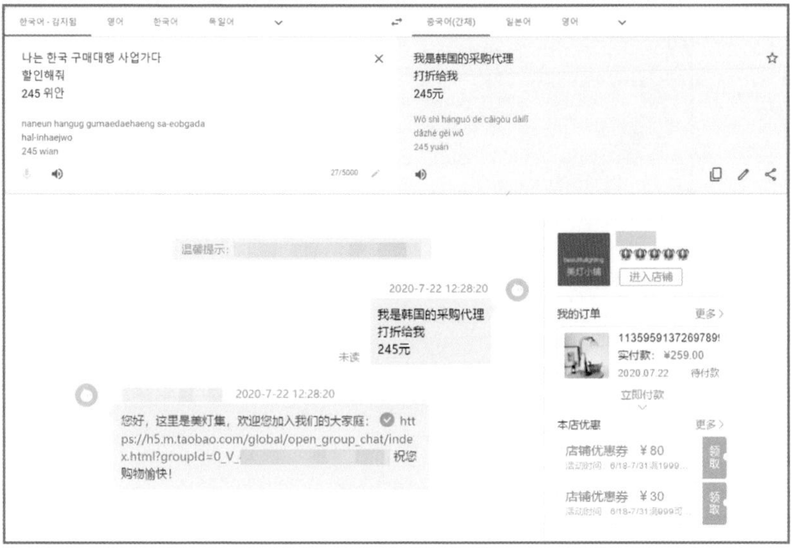

4. 첫 대화는 사진과 같이 번역기를 이용하여 자신이 한국 구매대행 사업자임을 밝히고 할인을 부탁한다는 내용을 포함하면 좋습니다.

5. 가격 협상이 될 경우 결제 금액이 수정되는 것을 확인할 수 있습니다.

6. 할인받은 금액으로 결제를 진행합니다.

실제로 이 방법을 계속해서 진행해 보면 과정이 조금 귀찮을 수도 있습니다. 하지만 한번 협상을 잘해 두면 꾸준히 할인된 가격으로 구매할 수 있기 때문에 마진을 위해서라도 진행하는 것을 추천합니다.

그래도 대화하는 것이 귀찮다면 쿠폰이라도 한 번씩 체크해서 더 저렴한 가격으로 상품을 구매하길 바랍니다.

CHAPTER

5

제품 이미지 및 동영상 구해오기 (프로그램 정보)

5-1

이미지 저작권 관련 법리적 설명

이전 장들을 통해서 판매할 제품이 생겼을 때, 소싱처를 찾고 제품 마진을 확인하는 방법을 배웠습니다.

그러면 여러분이 지금까지 배운 내용을 바탕으로 마진 있는 제품을 찾아서 해당 제품을 스마트스토어에 올리려고 할 때 가장 먼저 해야 하는 것이 무엇일까요?

그것은 바로 상세페이지에 업로드할 이미지와 동영상을 구하는 것입니다.

여기에서는 상세페이지 구성에 필수 요소인 이미지 및 동영상을 수급하는 방법을 살펴보겠습니다.

상세페이지라고 하면, 고객들이 제품을 구매하려고 제품페이지에 들어갔을 때 보이는 페이지를 말합니다. 그리고 이 상세페이지에서 고객들이 가장 중요하게 보는 부분이 제품 이미지입니다.

여러분도 온라인에서 무언가를 구매할 때 제품 이미지를 먼저 살펴볼 것입니다. 그런데 여러분들이 해야 할 해외구매대행 사업은 제품을 갖고 있지 않은데 어떻게 제품 이미지를 구할 수 있을까요?

방법은 해외에 있는 이미지를 사용하는 것입니다.

다음과 같은 예시처럼 타오바오에 있는 이미지들을 국내에서 그대로 활용하고 있는 것을 확인할 수 있습니다.

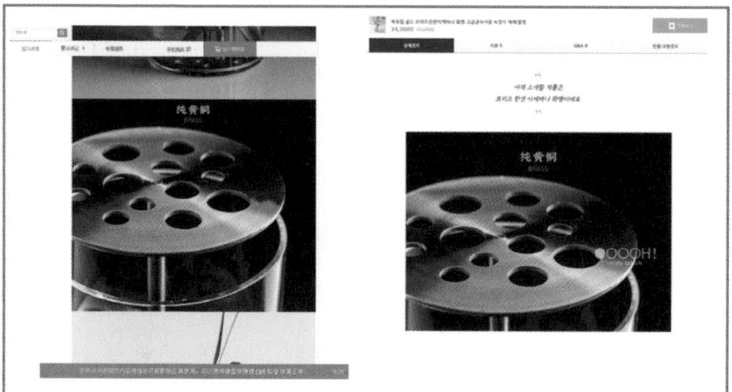

타오바오 내 이미지 | 스마트스토어 이미지

그런데 이렇게 이미지를 사용하는 것에 문제가 없을까요?

사실 법적 원칙상 문제가 됩니다. 이유는 저작권법은 국제적으로 통용되며 저작물을 어떠한 용도로라도 원저작권자의 이용 허락 없이는 사용해서는 안 되기 때문입니다.

그리고 추가로 알아두면 좋은 내용은, 저작권이 없는 이미지가 있는데 다음에서 보는 것처럼 제품만 보여주는 사진입니다. 이런 사진은 법리적으로도 문제없이 사용 가능합니다.

그러면 모든 해외구매대행 사업자들이 제품 이미지를 얻기 위해 원저작권자의 허락을 받고 제품 이미지를 올리고 있을까요?

아닙니다. 현실은 매번 제품을 등록하기 전에 이미지 저작권자에게 허락을 받지 않으며, 해외 이미지를 그대로 사용하고 있습니다.

이것이 가능한 이유는 현실적으로 해외에 있는 저작권자가 국내에서 해당 이미지를 사용하고 있는지 알기가 매우 어렵기 때문입니다. 매우 조심스러운 부분이지만 실제 해외구매대행 사업으로 판매하고 있는 제품은 90% 이상 이미지 사용 허가 없이 판매하고 있습니다.

정말 조심해야 하는 것은 국내에 저작권자가 있는 이미지입니다. 간혹 중국에서 한국 이미지를 도용해서 업로드하는 경우가 있습니다. 이런 이미지들을 사용하였을 경우, 중국 판매자가 문제를 제기하는 것이 아니라, 국내 판매자가 문제를 제기하는 경우가 발생합니다.

해외에서 유통되고 있는 이미지는 원칙상 허가 없이 사용하면 안 되나 현실적으로 해외 판매자가 일일이 확인하는 것이 어렵기 때문에 많은 사람들이 해외 이미지를 활용하고 있습니다.

이를 바탕으로 여러분들도 해외 이미지로 상세페이지를 꾸며도 되지만, 안전하고 오래도록 할 수 있는 사업을 원한다면 상품 판매자에게라도 이미지 사용을 허락 받은 뒤 작업하길 권장합니다.

5-2

제품 이미지 다운로드 방법

제품을 해외 사이트에서 찾았을 때 해외 제품 이미지들을 쉽게 다운받는 방법을 알려드리겠습니다.

제품을 찾았을 때 이미지를 하나씩 하나씩 다운받는 것은 매우 불편합니다. 이 불편함을 해결하기 위해 사용하는 프로그램이 있습니다. 바로 "Fat-kun"입니다.

팻쿤은 크롬에서 사용 가능하며 특정 사이트 내에 여러 개의 이미지를 한 번에 다운로드할 때 유용하게 사용됩니다.

더불어 동영상도 다운로드 받을 수 있어 매우 편리합니다. "Fatkun"은 구글에서 검색하면 쉽게 다운로드 가능하며, 설치가 완료되면 사진과 같이 크롬 우측 상단에 새로운 아이콘이 생깁니다.

사용방법은 다음과 같습니다.

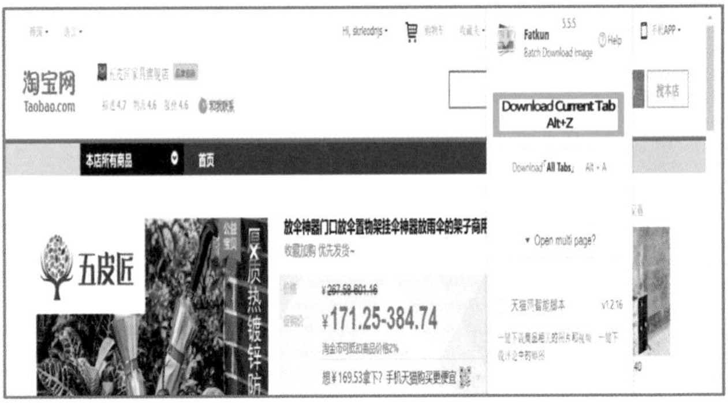

1. 보이는 것처럼 이미지를 따올 사이트를 들어간 후 "Fatkun" 아이콘을 클릭합니다. 그리고 "Current Tab"을 한번 더 클릭합니다. 그러면 해당 사이트에 있는 모든 이미지들을 보여줍니다.

2. 여기에 있는 이미지들은 작은 광고 이미지들도 포함되기 때문에 필요한 이미지만 선택하는 것이 좋습니다. 이미지 정리가 완료되었다면 다운받으면 됩니다.

5-3

이미지 리사이징 방법

상세페이지를 꾸밀 이미지를 Fatkun을 통해서 다운 받았으면, 받은 이미지를 네이버 스마트스토어에서 요구하는 이미지 사이즈로 맞춰야 합니다.

사이즈를 맞추느냐 안 맞추느냐에 따라 검색 시 보이는 위치가 달라지기 때문에 매우 중요한 작업입니다. 네이버 스마트스토어는 메인 이미지의 경우 1,000×1,000px, 상세페이지 내의 이미지는 너비 860px로 맞춰 올려야 검색 시 노출 최적화가 됩니다. 그러면 어떻게 이미지를 리사이즈할 수 있을까요? 방법은 아이러브 이미지 사이트를 활용하면 됩니다.

Iloveimage 사이트의 활용

https://www.iloveimg.com/ko/resize-image/resize-jpg

아이러브 이미지 사이트는 다수의 이미지를 한번에 원하는 사이즈로 변환시켜주는 사이트입니다.

1. 아이러브 이미지 사이트에 접속한 후 “여러 이미지 선택”을 클릭합니다.

2. 리사이징할 이미지들을 선택한 후에 목적에 맞게 너비와 높이를 설정한 후 “여러 이미지 크기 조절”을 클릭하면 사이즈 조절이 완료됩니다.

이제 제품 업로드에 필요한 이미지 및 동영상을 전부 네이버 검색 최적화에 맞게 바꿀 수 있게 되었습니다. 이 방법들을 잘 숙지하여 앞으로 판매할 제품을 선정할 때 적절하게 활용하길 바랍니다.

5-4

이미지로 제품 찾기

가장 중요한 제품 선정방법입니다.

해외에서 판매 제품을 찾아내는 방법은 다음과 같습니다.

- 제품 원산지 확인하기
- 제품 이미지 혹은 키워드로 검색하기
- 마진 확인하기

① 제품 원산지를 확인하는 방법

온라인에서 판매할 제품을 찾은 후, 가장 먼저 확인해야 할 일은 바로 판매할 제품의 '원산지'를 확인하는 것입니다. 원산지를 확인하면 대략적인 소싱처를 확인할 수 있기 때문입니다.

만약 찾은 제품의 원산지가 중국일 경우에는 99% 타오바오에서 해당 제품을 찾을 수 있으며, 원산지가 미국과 그 외 국가일 경우에는 구글링을 통해서 찾을 수 있습니다.

그러면 원산지는 어떻게 확인할 수 있을까요?

원산지 확인은 매우 간단합니다. 국내에서 판매하고 있는 사이트에 들어가서 제품 상세정보를 찾아 원산지를 확인하면 됩니다.

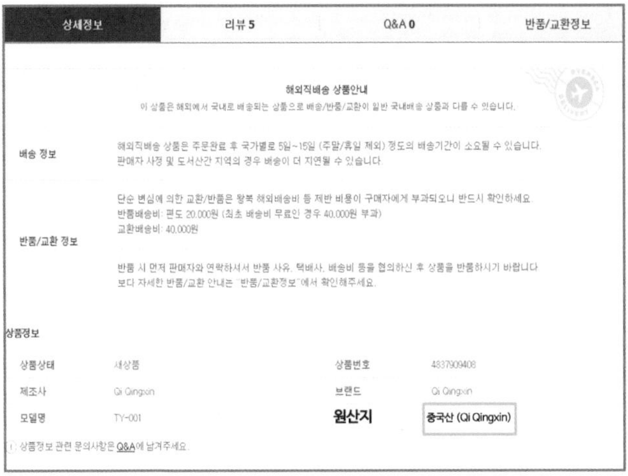

② 제품 이미지 혹은 키워드로 검색하기

이렇게 판매할 제품의 원산지를 확인했으면, 다음은 해당 제품의 소싱처에 들어가 제품의 원가를 확인해야 합니다.

제품을 찾는 방법은 두 가지 방법으로 첫 번째는 이미지 검색, 두 번째는 해외사이트에서 키워드로 검색하는 것입니다.

쉽고 정확하게 찾을 수 있는 이미지 검색을 통해서 판매할 제품을 찾아내는 방법을 소개해드리겠습니다.

이미지 검색으로 제품을 찾는 방법은 국내에서 찾은 판매할 제품의 이미지를 캡처한 후 해당 이미지를 이용해 타오바오와 구글에서 이미지 검색을 합니다. 그러면 해외에서 팔고 있는 같거나 비슷한 제품을 찾을 수 있게 됩니다.

이미지 캡처는 보는 것처럼 캡처 프로그램을 활용하여 캡처한 후, 저장까지 할 수 있습니다.

저장한 이미지로 이제 이미지 검색을 해야 합니다. 해당 상품은 원산지가 중국이기 때문에 타오바오에서 이미지 검색을 하면 됩니다.

타오바오에 접속한 후 이미지 검색을 해서 좀 전에 캡처해 둔 사진을 업로드합니다.

이후 같은 상품이 여러 개가 나오는데 그 중 가장 싼 곳을 선택하면 됩니다. 만약 위와 같이 이미지 검색이 안 될 경우, 다음 QR 코드의 링크로 접속 후 타오바오에 로그인하여 다시 시도해 보시기 바랍니다.

타오바오 이미지 검색

다음은 미국제품을 찾는 과정을 보여드리겠습니다.

미국제품을 찾는 방법은 크게 두 가지입니다. 첫 번째는 구글에서 이미지로 검색하기이고, 두 번째는 아마존에서 키워드로 검색하는 것입니다.

첫 번째 방법인 구글에서 이미지 검색하기는 사진과 같이 구글에 접속한 후 "이미지"를 클릭, 파일 선택에서 캡처한 사진을 선택하면 됩니다. 여기서도 마찬가지로 최저가를 찾으면 됩니다.

두 번째 방법인 아마존 키워드 검색하기는 소싱할 상품을 정한 후 네이버 파파고와 같은 번역기를 사용하여 아마존에서 검색하는 방법입니다.

대부분의 미국제품들은 아마존에서 단어로 찾을 수 있으면서 편리하기 때문에 이미지 검색보다 더 자주 사용되는 방법입니다.

자주 하는 질문

Q1 제품 이미지를 원저작권자의 허락 없이 올릴 경우 어떻게 되나요?

A 원칙상 국내는 물론이고 해외 이미지도 저작권자의 허락 없이 사용하면 안 됩니다.

하지만, 해외 이미지의 경우 허락 없이 이용하고 있는 것이 현실이죠. 그러면 만약 걸렸을 때는 어떻게 될까요? 법적으로 따지면, 형사처벌이 가능하며 민사소송을 통해 손해배상을 청구받게 됩니다. 하지만 해외에 있는 이미지의 경우 이런 일이 발생하는 것은 불가능에 가까우며, 실제 문제가 되는 사례들은 한국에 있는 이미지들을 무단으로 사용할 때 발생합니다.

더불어, 실사례들을 알려 드리면 이미지 무단도용의 경우 민사소송 또는 형사처벌이 바로 진행되는 것이 아니라 원작자가 판매자에게 경고장을 보내고 있으며, 경고장을 받을 경우 바로 제품을 내리고 있습니다.

Q2 국내에서 판매되는 제품과 같은 제품을 판매해도 괜찮은가요?

A 경험상 캐릭터 상품이 아닐 경우 괜찮습니다.

실제로는 제품 디자인에 특허가 있는지 확인해야 하나, 현실적으로 제품 모양에 대한 디자인은 특허가 있는 경우가 매우 적습니다. 따라서 캐릭터 상품이 아닐 경우 디자인에 대한 특허가 없다고 보면 됩니다. 따라서 판매해도 문제 없으며, 판매자는 해외에 있는 제품을 전달하는 역할이기 때문에 문제의 소지가 작습니다.

다만, 조심해야 할 부분은 제품명을 사용할 때 상표권을 침해해서는 안 됩니다. 경쟁사 제품명 중에 상표 특허가 있을 경우 해당 제품명을 사용하면 상표권 침해가 되기 때문에 제품명을 작성할 때 주의하면 됩니다.

Q3 전자기기도 판매할 수 있을까요?

A 해외구매대행 사업의 경우, 어린이용품과 특수안전장치를 제외한 나머지의 전자용품들은 KC인증 없이 판매가 가능합니다.

다만 1명에게 판매할 수 있는 개수가 1개로 제한되어 있습니다.

CHAPTER

6

잘 팔리는 상품 찾기

6-1 상품 키워드 정의

6-2 키워드 검색수

6-3 키워드 경쟁강도

6-4 가장 중요한 지표

6-5 키워드 찾기와 상품 찾는 방법

6-1

상품 키워드 정의

일반적으로 페이스북과 인스타그램, 카카오스토리 등 SNS에서 강제로 보여지거나 호기심을 자극하는 광고로 상품을 구매할 때를 제외하고는 대부분 직접 "검색"을 통해 상품을 찾고 구매합니다.

그러므로 판매할 상품과 관련된 키워드를 잘 분석하여 다양한 키워드를 세팅하는 것이 가장 중요합니다.

우리는 이 점을 이용해서 판매될 수 있는 상품을 찾아낼 것입니다. 많은 사람들이 찾고 있지만 판매하는 상품의 수가 적은 키워드. 이런 키워드를 찾고 거기에 맞는 상품을 찾아서 판매하는 것입니다.

그런데 키워드는 무엇일까요?

키워드란, 말 그대로 단어입니다. 사람들이 온라인에서 타자로 치는 단어. 이 단어를 키워드라고 부릅니다.

그리고 이 키워드는 띄어쓰기 이전의 단어들을 말하며, 키워드 사이에서는 앞쪽에 작성할수록 검색 우선순위가 결정됩니다.

예시로 설명 드리겠습니다.

상품명: 강아지컵 맥도날드 머그컵 Tall

이 상품명은 어떤 키워드들로 구성되어 있을까요?

정답은 "강아지컵", "맥도날드", "머그컵", "tall"이라는 키워드로 구성되어 있습니다.

그러면 다음으로 해당 상품명은 어떤 키워드가 노출 우선순위를 받게 될까요?

정답은 강아지컵, 그다음 맥도날드, 그다음 머그컵, 그다음 tall 순서로 키워드 우선순위를 받게 됩니다.

그리고 키워드는 자동적으로 조합됩니다.

쉽게 말해 예시의 상품명은 "강아지컵 머그컵"으로 검색해도 노출되며, 강아지컵 tall로 검색해도 노출됩니다.

6-2

키워드 검색수

네이버 광고 페이지 보는 방법

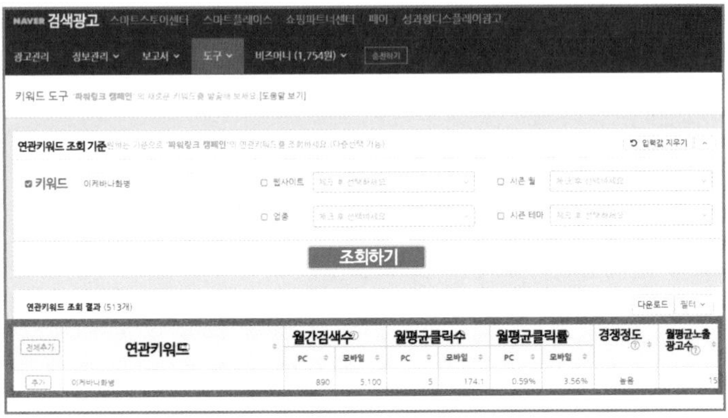

지금 보이는 툴은 네이버에서 제공하고 있는 '네이버 광고' 사이트 내의 키워드 도구입니다.

네이버 광고에서는 특정 키워드의 한 달간 검색수를 보여줍니다. 여기서 데이터를 확인하고 싶은 키워드를 검색해 보면 해당 키워드로 한 달간 몇 명이 검색하고 있는지 확인할 수 있습니다.

'이케바나'로 찾아본 결과 해당 키워드는 한 달간 6,230번 정도 검색된 것을 확인할 수 있습니다.

해당 자료를 판매자 입장에서 해석해 보면 한 달 검색수가 많으면 많을수록 좋은 키워드입니다. 그 이유는 많이 찾고 있는 키워드이기 때문입니다.

그러면 단순히 검색수가 많은 키워드를 찾아서 판매해야 할까요? 아닙니다. 해당 키워드로 몇 개의 상품이 판매되고 있는지 실제 상품수도 확인해야 합니다.

단순하게 많이 찾는다고 해서 판매하기 좋은 키워드는 아닙니다. 함께 봐야 하는 것은 해당 키워드로 올라가 있는 상품이 몇 개인지 확인해야 합니다.

아무리 많은 사람들이 검색하고 있더라도 해당 키워드로 판매하고 있는 사람 역시 많다면 내가 팔기에는 좋은 키워드가 아닙니다.

그러면 어떻게 특정 키워드에 올라가 있는 상품수를 확인할 수 있을까요? 이건 매우 쉽습니다. 직접 네이버쇼핑 검색을 해 보면 됩니다.

네이버 광고에 로그인한 후 "키워드 도구"를 클릭하면 다음과 같은 화면이 나옵니다.

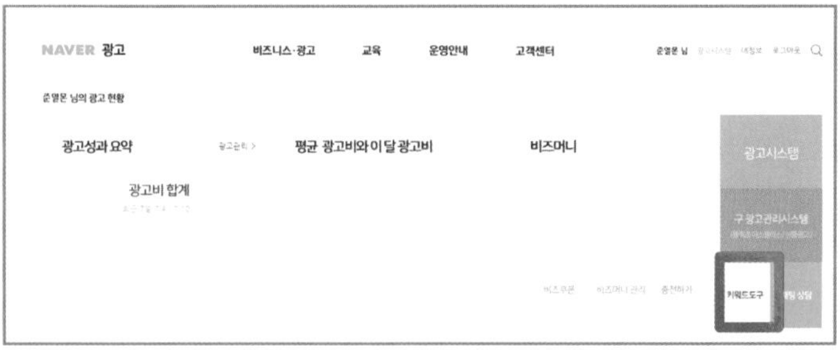

여기에 찾고 싶은 키워드를 입력 후 조회하게 되면 상품의 한 달 검색수를 확인할 수 있습니다.

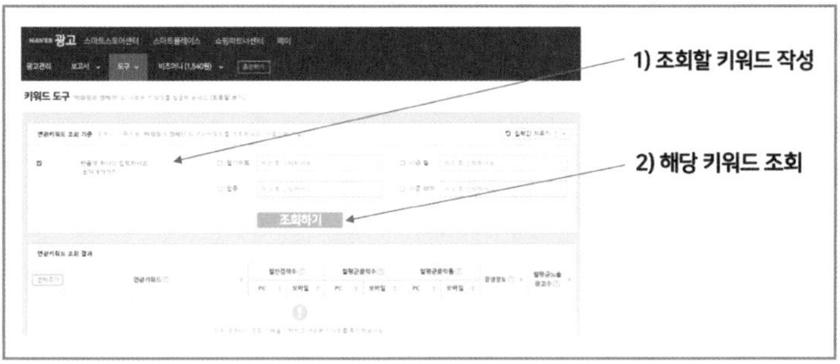

6-3

키워드 경쟁강도

지금까지 살펴본 방법으로 특정 키워드의 한 달 검색수를 확인할 수 있고, 그 키워드로 등록된 상품수도 확인할 수 있습니다.

그러면 좋은 키워드란 무엇일까요?
좋은 키워드란 사람들이 많이 찾고 있지만 올라가 있는 상품의 수가 적은 키워드입니다. 즉, 한 달 검색수가 많고, 등록된 상품수가 적은 키워드가 바로 좋은 키워드입니다.

그런데 좋은 키워드를 찾을 때마다 매번 네이버 광고에 들어가서 특정 키워드를 확인하고, 네이버 쇼핑에 가서 등록된 상품수를 확인한다면 시간이 많이 소요될 것입니다.

이를 편하게 보기 위해 개발된 툴이 있는데 바로 아이템스카우트(https://www.itemscout.io/)의 키워드 검색입니다.

아이템스카우트는 상품 소싱에 도움을 주는 툴들을 제공하고 있는 사이트로서, 해외구매대행 사업을 하는 사람이라면 반드시 알아야 하는 곳입니다.

아이템스카우트의 키워드 검색이라는 툴은 특정 키워드의 한 달 검색수와 등록된 상품수를 한눈에 볼 수 있습니다. 사용방법은 직관적으로 궁금한 키워드를 검색하면 바로 검색수와 상품수 그리고 경쟁강도를 보여줍니다.

그리고 키워드 검색 지표 중 검색수, 상품수 외에 추가적으로 경쟁강도라는 지표가 있습니다. 경쟁강도란 좋은 키워드를 빠르게 찾기 위해서 생겨난 지표입니다.

앞서 설명한 키워드의 한 달 검색수를 수요라고 치환하고, 업로드된 상품수를 공급으로 치환하여 해당 키워드의 수요와 공급의 비중을 숫자로 보여주는 것을 경쟁강도라고 말합니다.

또한, 다음과 같은 수식처럼 특정 키워드의 상품수에서 총검색수를 나눈 수치를 경쟁강도라고 말합니다.

"이케바나 화병"의 경쟁강도는 1,439/6,230 = 0.23

이 수식에 따라 키워드 경쟁강도가 1보다 높으면 검색수가 업로드된 상

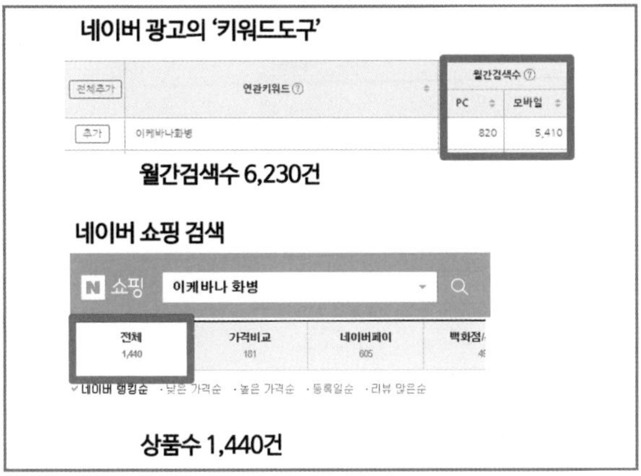

품수보다 적은 것이고, 경쟁강도가 1보다 낮으면 검색수가 업로드된 상품수보다 많은 것이 됩니다.

여기서 질문!

좋은 키워드는 경쟁강도가 낮을까요? 높을까요? 정답은 당연히 경쟁강도가 낮을수록 좋은 키워드입니다. 경쟁강도가 낮을수록 검색수 대비 상품수가 적어지기 때문입니다.

- 경쟁강도 〉 1 → 나쁜 키워드(상품수가 더 많음)
- 경쟁강도 〈 1 → 좋은 키워드(상품수가 더 적음)

그리고 일반적으로 좋은 키워드란 경쟁강도가 1 이하인 키워드를 이야기합니다.

경쟁강도가 1 이하라는 의미는 해당 키워드의 검색수가 업로드된 상품보다 적다는 의미로 공급보다 수요가 많다고 해석할 수 있습니다.

6-4

가장 중요한 지표

그러면 가장 좋은 키워드는 무엇일까요? 답은 상품수가 적은 상품입니다. 다음 실제 사례를 참고하여 어떤 키워드가 좋은지 살펴보겠습니다.

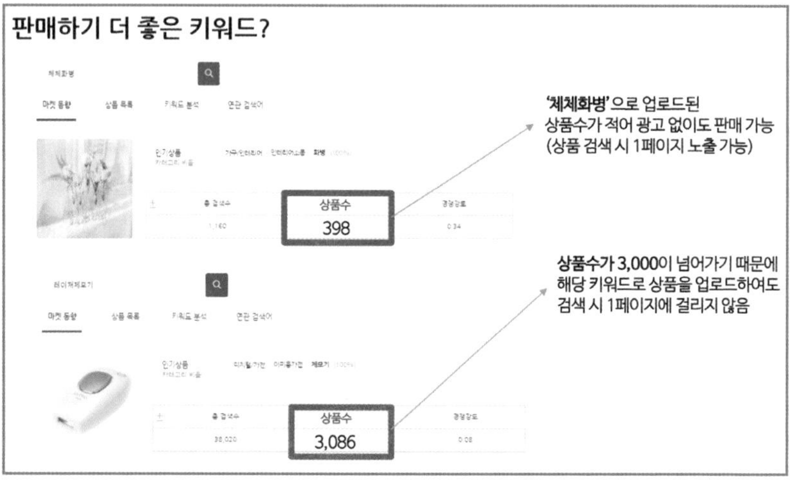
판매하기 더 좋은 키워드?
상품수
398
'체체화병'으로 업로드된
상품수가 적어 광고 없이도 판매 가능
(상품 검색 시 1페이지 노출 가능)
상품수
3,086
상품수가 3,000이 넘어가기 때문에
해당 키워드로 상품을 업로드하여도
검색 시 1페이지에 걸리지 않음

분명 B가 경쟁강도가 더 낮은데, A가 판매하기에 좋다니 이해가 안 되는 일입니다. 그 이유는 상품수가 A가 더 적어 광고료 없이 판매할 수 있기 때문입니다.

올라가 있는 상품수가 많으면, 돈을 주고 광고를 진행하지 않는 한 해당 키워드로 검색했을 경우 1페이지 내에 걸리지 않기 때문입니다.

B의 키워드는 비록 경쟁강도가 낮지만 상품수가 3,000이 넘어가기 때문에 막상 상품을 업로드하여도 1페이지에 걸리지 않게 됩니다. 돈을 들여 광고를 진행해야 고객들이 내 상품을 보게 되며, 광고로 일정량이 판매되어야만 해당 키워드로 1페이지에 걸리게 됩니다.

하지만, A키워드의 경우 광고료를 내지 않거나 더 적은 광고료를 통해서 1페이지에 걸릴 수 있습니다. 그러면 자연스럽게 B보다 적은 돈으로 상품을 판매할 수 있습니다.

물론 일정 금액을 광고료로 투자하여 B키워드의 상품이 1페이지에 걸리게 된다면 더 많은 고객들이 구매할 것입니다.

하지만, 돈을 써야 하는 리스크가 생기기 때문에 현실적으로 판매하기 좋은 키워드는 A라는 것입니다.

따라서 키워드 경쟁강도, 검색수, 상품수 데이터 수치 중 내가 판매할 수 있는지 판가름해 주는 지표는 키워드 상품수입니다.

여러분에게 추천하는 좋은 키워드는 상품수 2,000 이하의 경쟁강도 0.8 이하이며, 이런 키워드를 찾아 상품을 업로드해야 해당 상품이 1페이지 내에 걸릴 확률이 높습니다.

여기서 잠깐!

왜 키워드 검색 시 1페이지에 상품이 노출되는 것을 강조할까요?

이유는 검색 시 내 상품이 1페이지 이상 넘어갈 경우 판매될 가능성이 매우 낮아지기 때문입니다. 여러분 중에도 상품을 구매할 때 뒤로 넘기지 않고 1페이지 내에서 선택하는 분들이 많을 것입니다.

바로 이러한 이유에서 내 상품이 특정 키워드에 1페이지 내에 걸리는 것을 중요하게 보는 이유입니다.

간략히 말해

- 소비자들은 상품을 구매할 때 키워드 검색을 통해서 상품을 찾고 구매한다.
- 네이버에서는 한 달 키워드 검색수를 공개하고 있으며, 해당 키워드로 몇 개의 상품이 올라가 있는지도 함께 확인할 수 있다.
- 좋은 키워드를 찾기 위해서 이 키워드의 상품수에서 검색수를 나눈 키워드 경쟁강도가 만들어졌고, 키워드 경쟁강도가 낮은 상품이 좋은 키워드다.
- 하지만 단순하게 경쟁강도가 낮은 상품을 찾는 것이 팔릴 만한 상품은 아니다.
- 검색수, 상품수, 경쟁강도 중 현실적으로 내가 판매가능한 키워드인지 확인할 수 있는 수치는 상품수이다.

키워드 바탕으로 판매될만한 상품 찾기
– 오가닉 상품 판매
– 광고용 상품 판매

'오가닉'으로 판매한다는 의미는 광고료가 없거나 최소 광고료를 통해서 상품을 판매하는 것을 말하며, '광고로 판매하기'는 네이버 키워드 광고를 통해서 상품을 판매하는 방법을 말합니다.

두 가지 방법 모두 상품 키워드의 경쟁강도를 보고 판매할 상품을 찾는 것이며, 여기서 상품수에 따라서 오가닉으로 판매할지 광고로 판매할지 판단하는 것입니다.

조금 더 자세하게 오가닉하게 판매하는 상품과 광고로 판매해야 하는 상품에 대해서 알려드리겠습니다.

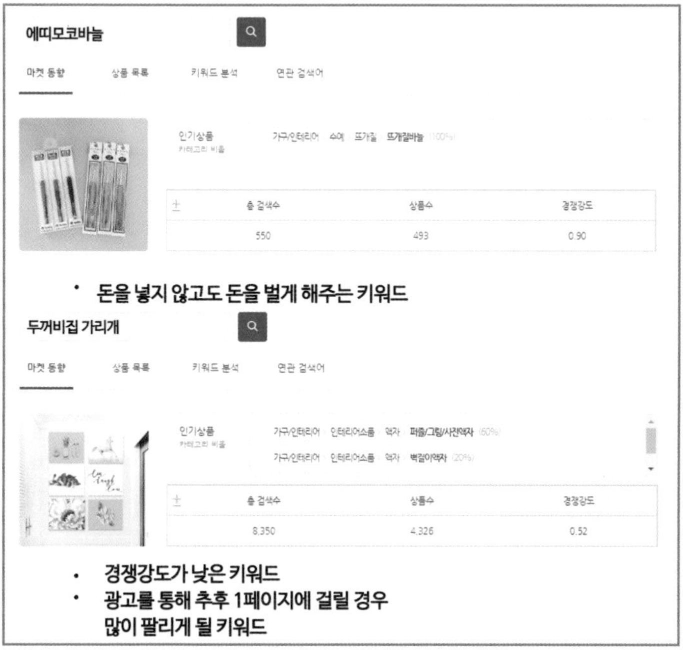

오가닉한 상품을 팔려고 할 때는 상품수가 적은 키워드를 메인키워드로 잡아 상품을 업로드하고 해당 상품이 검색 1페이지에 걸리는 것을 목표로 하여 광고 없이 판매로 이어지게 하는 방법을 말합니다.

상품의 판단 기준은 특정 키워드의 데이터가 경쟁강도 0.8 이하 상품수 2,000 이하여야 합니다.

오가닉으로 판매할 상품의 경우 상세페이지를 꾸미는 것을 최소한으로 하는 것을 권장합니다.

그리고 또 하나의 판매 방법 중 '광고로 판매하기'는 경쟁강도가 낮아서 판매하기에 좋은 키워드이지만, 올라가 있는 상품수가 많아 해당 키워드로 상품을 업로드하여도 1페이지에 걸리지 않을 때 사용하는 방법입니다. 광고를 통해 초기 판매를 이루고 판매량으로 1페이지에 걸릴 경우 광고를 off 하는 것을 말합니다.

사실 해당 방법은 경쟁강도 1 이하의 키워드 중 오가닉 판매가 안 되는 상품을 모두 이야기하는 것이나 조금 더 명확한 기준을 잡아드리겠습니다.

레이저제모기
마켓 동향
상품 목록
키워드 분석
연관 검색어
인기상품
디지털/가전 이미용가전 제모기
총 검색수
38,020
상품수
3,088
경쟁강도
0.08
• 경쟁강도가 낮더라도, 상품수가 많을 경우 1페이지에 걸리지 않음
• 1페이지에 걸리지 않을 경우, 판매 확률이 매우 떨어짐
• 광고로 초기 판매를 만들어 검색 시 1페이지에 상품이 보이게 만들어야 함

광고로 판매할 상품의 키워드 기준은 경쟁강도 0.5 이하/검색수 15,000 이상입니다.

검색수가 많은데 상품수가 현저하게 적은 키워드.

하지만 1페이지에는 안 걸릴 것 같은 키워드.

이런 키워드를 찾았을 때는 광고로 판매한다는 생각을 해야 하며, 돈이 들어가는 만큼 상품의 상세페이지에 조금 더 신경을 써야 합니다.

다음과 같은 질문을 종종 받기도 합니다.

"해외구매대행을 처음 시작하는 사람에겐 둘 중 어느 상품을 업로드하는 것을 추천하나요?"

이런 질문엔 당연히 정답은 없지만 저는 항상 오가닉한 상품을 먼저 올리는 것을 권장해왔습니다. 이유는 경쟁강도가 없더라도 광고를 꼭 필요로 하는 제품의 경우 상세페이지의 질이 어느 정도 높아야 하고, 이미지 작업, 광고비 등 해외구매대행을 처음 하는 사람이 하기에는 난이도가 높고, 시간이 많이 소요되기 때문입니다.

또한 처음부터 이런 상품을 접목하고 판매로 이어지지 않을 경우 쉽게 포기하는 모습을 많이 봤기 때문에 사업 초반에는 욕심 없이 오가닉한 상품들을 소싱해서 판매하다가 이제 어느 정도 판매 스킬을 쌓았을 경우에 하나둘씩 광고를 이용한 판매를 하는 것이 좋다고 생각합니다.

이처럼 여러분도 사업 초반엔 목적이 "용돈"을 위한 사업인 만큼 욕심 없이 차근차근 올라가는 것을 권장하며, 하루에 한 개 업로드를 목표로 두시길 바랍니다.

6-5

키워드 찾기와 상품 찾는 방법

키워드 찾기

해외구매대행 사업에서 가장 핵심적인 부분은 어떤 것일까요? 상품 소싱? CS? 마케팅? 물론 모든 부분이 중요하지만 개인적으로 상품 소싱 중에서도 판매될만한 키워드를 찾아내는 것으로 봅니다.

아무리 싸고 좋은 상품을 찾는다고 해도 해당 상품에 붙일 수 있는 키워드를 찾지 못하면 팔 수가 없기 때문입니다.

그러면 좋은 키워드는 어떻게 찾아야 할까요?

- 네이버 해외직구에서 잘 팔리는 상품 키워드 찾기
- 직구 후기를 이용해 키워드 찾기
- 좋은 키워드의 연관 키워드 확인하기

① 네이버 해외직구에서 잘 팔리는 상품 키워드 찾기

네이버 쇼핑에서 해외직구 상품만 따로 볼 수 있는 곳이 있다는 사실 알고 있었나요? 네이버 쇼핑의 해외직구란을 들어가면 해외직구로 판매되는 상품들만 볼 수 있습니다. 카테고리별로 볼 수도 있고 국가별로 볼 수도 있습니다.

그리고 가장 좋은 점은 인기도순으로 정렬을 설정할 경우 해외구매대행 상품으로 잘 판매되는 것들을 모아서 볼 수 있습니다.

다음의 과정을 통해 간단하게 확인할 수 있습니다.

1. 네이버에 접속해 메인 화면에서 “쇼핑”을 클릭합니다.

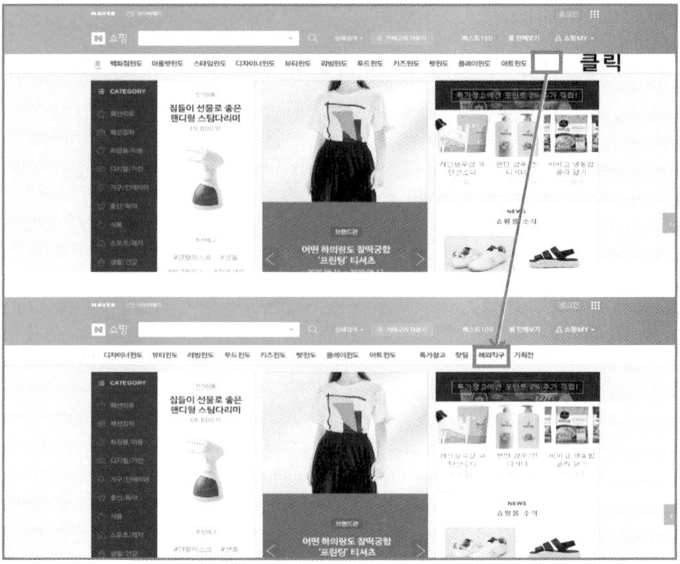

2. 네이버 쇼핑 메인에 들어간 이후, 우측 상단의 "해외직구"를 클릭합니다.

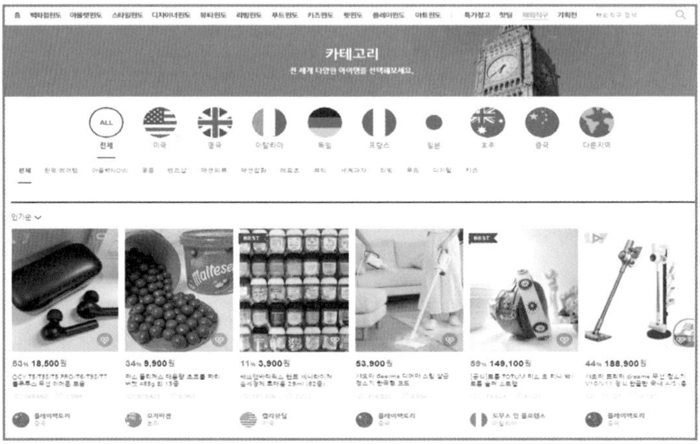

3. 그러면 해외직구로 판매되는 상품들을 볼 수 있습니다. 이후 판매하고 싶은 카테고리 & 국가 선택 후 "인기순"으로 설정합니다.

여기서 한 가지 알아야 할 건, 잘 팔리고 있는 상품을 그대로 베껴서 올린다고 절대 똑같이 잘 팔리지는 않습니다.

잘 팔리는 상품의 경우 노출 가산점이 있기 때문에 기존에 잘 팔리는 상품과 큰 차이가 없을 경우 밀어내기가 불가능합니다.

그러면 해외구매대행으로 잘 팔리는 상품을 봤을 때 무엇을 해야 할까요?

바로 상품에 걸린 키워드들을 분석해야 합니다. 잘 팔리는 상품에는 좋은 키워드가 세팅되어 있을 확률이 높고, 우리는 기존 판매자들이 세팅했던 좋은 키워드를 참고하여 다른 상품 혹은 노출가능성을 판단하고 유사한 상품을 업로드하면 되겠습니다.

② 직구 후기를 이용해 키워드 찾기

이 방법은 직구족들이 구매하고 있는 상품의 키워드를 따오는 방법입니다. 직구족들이 구매하고 있는 상품들은 해외구매대행 상품으로 올릴 경우 시장성이 있을 가능성이 매우 높기 때문에 유용한 방법입니다.

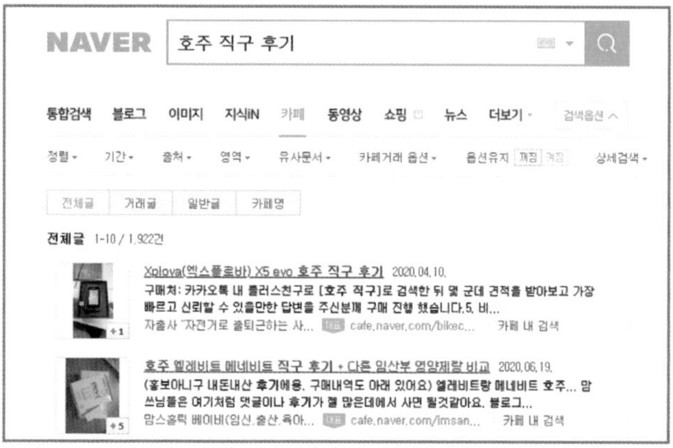
NAVER
호주 직구 후기
통합검색 블로그 이미지 지식iN 카페 동영상 쇼핑 뉴스 더보기 검색옵션
정렬 기간 출처 영역 유사문서 카페거래 옵션 옵션유지 상세검색
전체글 거래글 일반글 카페명
전체글 1-10 / 1,922건
Xplova(엑스플로바) X5 evo 호주 직구 후기 2020.04.10.
구매처: 카카오톡 내 플러스친구로 [호주 직구]로 검색한 뒤 몇 군데 견적을 받아보고 가장 빠르고 신뢰할 수 있을만한 답변을 주신분께 구매 진행 했습니다.5. 비...
cafe.naver.com/bikec... 카페 내 검색
호주 엘레비트 메네비트 직구 후기 + 다른 임산부 영양제랑 비교 2020.06.19.
(홍보아니구 내돈내산 후기에용. 구매내역도 아래 있어요) 엘레비트랑 메네비트 호주... 맘쓰님들은 여기처럼 댓글이나 후기가 젤 많은데에서 사면 될것같아요. 블로그...
맘스홀릭 베이비(임신,출산,육아... cafe.naver.com/imsan... 카페 내 검색

해당 방법은 포털 사이트에서 '특정 국가 직구 후기'라고 검색해서 해외 직구로 구매한 상품을 확인하고 해당 상품의 키워드를 분석해 보는 것입니다.

보이는 것처럼 '호주 직구 후기'로 검색해 보면 다양한 후기들이 있고 후기를 보면서 구매한 상품의 키워드를 분석해 보면 됩니다.

③ 좋은 키워드의 연관 키워드 확인하기

이 방법은 네이버 광고의 키워드 도구를 활용한 방법으로, 키워드 도구에서는 검색한 키워드와 연관된 키워드들을 보여줍니다.

경쟁강도가 낮은 키워드를 찾았을 경우, 해당 키워드와 연관된 키워드들 역시 경쟁강도가 낮은 키워드가 분포되어 있는 경우가 많아 쉽게 좋은 키워드들을 찾아낼 수 있습니다.

방법은 네이버 광고에 로그인한 후, 키워드 도구를 클릭합니다. 그리고 이전에 찾았던 좋은 키워드를 검색합니다. 그러면 다양한 키워드들이 나옵

니다.

여기서 검색수 기준으로 바꾸고, 검색수 4,000 미만의 키워드들을 복사해서 경쟁강도들을 확인하면 됩니다.

보이는 것처럼 다양한 좋은 키워드들이 분포되어 있습니다. 해외구매대행 사업은 상품 소싱이 쉽기 때문에 좋은 키워드를 찾으면 바로 해당 키워드로 올리면 됩니다. 이러한 점을 이용해서 판매될만한 좋은 키워드를 찾는 것이 가장 중요합니다.

이상과 같은 세 가지의 방법을 활용하여 상품 소싱에서 좋은 키워드를 찾는 것은 자신만의 노하우라고 생각합니다.

지금까지의 방법을 숙지하는 것을 넘어 자신들만의 노하우를 찾아서 더욱 쉽고 빠르게 좋은 키워드들을 찾아내길 바랍니다.

상품 찾는 방법

이 장에서는 좋은 키워드를 찾은 후 판매할 상품 찾는 방법을 알려드렸습니다. 지금까지의 방법은 직접적인 상품을 찾는 것보다 키워드를 찾는 것에 집중하였습니다.

여기에서는 키워드 세팅을 통해 판매하는 것 외에 다른 방법을 소개해드리겠습니다. 상품을 등록하는 방법은 두 가지입니다.

- 브랜드 상품 등록
- 대량 등록 프로그램을 이용한 상품 등록

① 브랜드 상품 등록

브랜드 상품 등록은 특정 브랜드의 상품들을 한번에 올리는 것을 의미합니다.

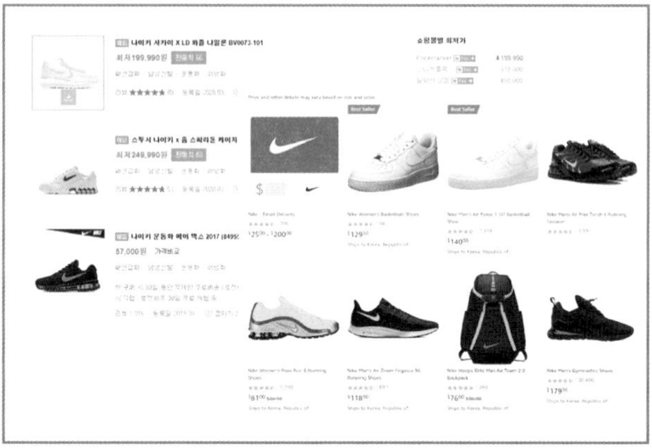

예를 들어, 나이키 제품을 업로드한다고 가정해 보겠습니다. 아마존 사이트에서 나이키를 검색하고, 결과로 나오는 상품들에 일정 비율의 마진을 붙인 후 업로드하는 것입니다.

브랜드 상품을 한 번 업로드하면 다음 상품을 업로드할 때 기존 브랜드가 세팅되어 있어, 완전 새롭게 업로드하는 것보다 더 쉽고 빠르게 업로드가 가능합니다.
하지만, 나이키 신발을 100개 올린다고 판매가 될까요? 실상은 한 개도 판매하기가 어렵습니다. 나이키 키워드로 노출될 가능성이 없고, 영작한 상품명이 우연히 좋은 키워드일 때나 판매될 수 있을 것입니다.

그렇다면 이 방법은 누가 사용하면 좋을까요?

내가 특정 시장에 관심이 많아 정보가 빠를 때 사용하면 됩니다. 예를 들어, 올해가 2007년이고 한국에 애플은 아이팟만 적은 수량만 유통되고 있던 상황에서 애플의 모든 상품들을 선점해서 올렸다면 많은 돈을 벌었을 것입니다.

실제 이 방법은 과거에 많이 사용되던 방법이며, 특정 시장에 정보가 있는 사람에게만 좋은 방법입니다.

장점

- 제품 올리기가 편함(새롭게 올릴 경우, 브랜드 고정)
- 생각 없이 올리기 편함(초보자에게 적합)
- 해당 브랜드 이슈 시 판매량 급증 가능

단점

- 안 팔림(키워드 검색량이 없음)
- 해당 시장에 대한 이해도 없을 시, 오직 운에 의존해야 함

② 대량 등록 프로그램을 통한 상품 등록

이 방법은 특정 해외사이트에 있는 상품들을 프로그램이 한번에 자동으로 업로드해 주는 방법입니다.

하루에 3만 개 이상 업로드가 될 정도로 매우 많은 양을 업로드할 수 있지만 키워드 세팅이 안 된다는 단점이 있습니다

대량 등록 프로그램은 사이트의 상품에 대한 자동등록을 요청할 경우, 구글 번역기를 통해서 상품명이 세팅되고 해당 상품명으로 세팅될 경우 아무도 검색하지 않기 때문에 판매가 일어나지 않을 것입니다.

역시나 운으로 상품이 특정 키워드에 맞춰 업로드되어야 판매가 이루어지며, 비용도 들어가기 때문에 추천하지 않습니다.

따라서 해외구매대행 사업을 통해 월 순익 50만 원을 달성한 이후에 프로그램 사용을 시도해 볼 것을 권유합니다.

대량 등록 프로그램

- 월마다 일정 비용을 지불하여 자동적으로 제품 관리
- 평균 월 20만 원 비용 지불
- 링크 삽입 시, 자동 상품 등록
- 매입가격 상승 시, 그에 맞게 판매가 변경

잘 쓰지 않는 이유

- 안 팔림
- 고정비 부담
- 실력을 키울 수 없음(상품을 보는 눈이 없어짐)
- 키워드 걸릴 가능성이 낮음

자주 하는 질문

Q1 제품 찾는 게 어려워요.

A 처음 해외구매대행 사업을 하는 모든 판매자가 공통적으로 호소하는 이야기입니다. 처음 할 때는 모든 것이 익숙하지 않아서 특히 더 어렵습니다.

일반적으로 처음 판매될만한 키워드 및 상품을 찾을 때 1시간에서 2시간이 소요됩니다. 어떤 키워드가 브랜드 키워드인지, 피해야 할 키워드인지 직접 확인해 봐야만 알 수 있기 때문에 더욱 오래 걸립니다. 딱 2주만 해 보면 지금 걸리는 시간보다 반은 줄어들 것입니다.

직접 실행해 보면서 이건 브랜드 키워드 같다, 이건 보나마나 안 팔릴 키워드다 이런 데이터와 감이 생기기 때문입니다.

현재로서는 어렵게 느껴지는 것이 정상이며, 잘 가고 있다고 보면 됩니다.

Q2 월 검색량이 적어도 팔리나요?

A 네. 월 검색량이 400건이어도 팔릴 키워드들은 팔립니다. 여러분이 팔 키워드 및 상품을 찾다 보면 터득하겠지만 내가 모르던 상품들의 키워드들을 접할텐데요. 찾는 사람이 적더라도 매니아층이 확고한 분야의 키워드 상품은 오히려 대중적이고 검색량이 많은 키워드보다 더 많이 판매됩니다.

Q3 아이템 소싱하는 방법 중 가장 추천하는 방법은 무엇인가요?

A 아이템 소싱에서 핵심은 팔릴 키워드를 찾는 것입니다. 팔릴 키워드를 쉽게 찾는 것은 현재로서는 아이템스카우트의 '키워드 분석'만한 것이 없다고 판단합니다. 유료지만 해당 비용 이상의 수익을 만들어주며, 생각보다 아직은 많은 판매자가 모르는 방법이라 이 툴을 활용해서 찾은 키워드들은 경쟁이 적습니다.

CHAPTER

7

스마트스토어에 제품 등록- 직접 따라 하기

7-1

초보자가 스마트스토어를 이용해야 하는 이유

경쟁력 있는 상품과 그 상품의 소싱처를 찾았다면 그 다음으로는 무엇을 해야 할까요? 바로 상품 등록입니다.

이 장에서는 상품 등록하는 방법을 알려드리기 전에 우리가 업로드할 채널인 스마트스토어가 어떤 특징을 갖고 있고 왜 스마트스토어 위주로 강의가 진행되는지 살펴보겠습니다.

상품을 판매할 때 최대 이윤을 남기기 위해 상품의 원가, 배송비 이외에 고려해야 할 것이 무엇이 있을까요? 바로 플랫폼수수료입니다. 상품을 판매할 때 각 판매 플랫폼의 수수료에 따라서 우리에게 들어오는 순이익이 달라지기 때문입니다.

그러면 가장 낮은 수수료를 자랑하는 판매 플랫폼은 어디일까요? 네이버 스마트스토어입니다.

다음 자료는 주요 판매 채널의 판매 수수료들인데요.

스마트 스토어	쿠팡	티몬	위메프	11번가	G마켓	옥션
약 2~6%	약 10~15%	약 12~15%	약 12~15%	약 6~12%	약 6~12%	약 6~12%

표에 보이는 바와 같이 네이버 스마트스토어가 가장 저렴합니다.

수수료는 카테고리와 결제방식에 따라서 차이가 나는데, 이러한 차이가 나더라도 네이버 스마트스토어보다 저렴한 곳은 없습니다.

상품 원가를 많이 절약하지 못하는 초보자들일수록 적은 수수료로 판매가 가능한 스마트스토어를 이용해 순수익을 올리는 것이 사업에 유리합니다.

스마트스토어는 수수료가 저렴하다는 것 외에도 초보 판매자가 진행하기 좋은 이유 3가지가 더 있습니다.

첫 번째, 이용 고객이 많다.
두 번째, 빠른 환급 시스템을 갖추었다.
세 번째, 제품 최신성 지수가 존재한다.

스마트스토어가 수수료가 저렴하다는 점 외에 초보 판매자에게 특화되어 있는 이유, 첫 번째는 이용 고객이 많다는 점입니다.

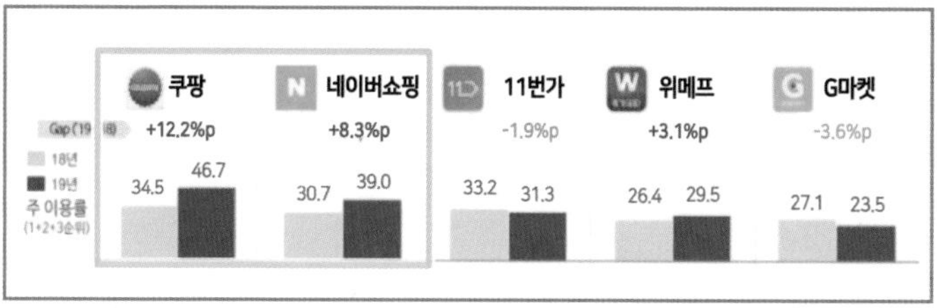

이 자료는 2019년도의 모바일 쇼핑 앱 순위입니다. 1등은 쿠팡, 2등은 네이버 스마트스토어입니다. 2019년 고객 이용률은 39%로 많은 이용자수를 확보하고 있는 것을 확인할 수 있습니다.

이어서 스마트스토어를 초보자들이 이용하면 좋은 이유, 두 번째는 빠른 환급 시스템입니다.

스마트 스토어	쿠팡	티몬	위메프	11번가	G마켓
구매확정 후 다음날 (배송완료 후 8일)	매주 금요일, 익월 1일	구매확정 후 3일	구매확정 후 3일	구매확정 후 2일	월 정산– 익월 4, 7, 9일

위 표는 각 플랫폼의 정산일을 정리한 자료입니다. 스마트스토어의 정산 주기는 다른 플랫폼에 비해 최소 1~2일, 최대 한 달 이상 빠른 것을 확인할 수 있습니다.

처음 시작하는 판매자들은 초기 자본금이 많지 않은 판매자가 대다수이기 때문에 자본 순환이 빨라야 사업을 유지할 수 있습니다.

스마트스토어는 판매 플랫폼 중 가장 빠른 정산을 해 주기 때문에 처음 해외구매대행 사업을 하는 판매자에게 스마트스토어를 추천합니다.

초보 판매자에게 스마트스토어가 특화된 이유, 세 번째는 최신성 지수입니다.

최신성 지수란 쇼핑 데이터베이스(DB) 등록일을 기준으로 상품을 상대적으로 지수화하여, 새롭게 등록된 상품이 일시적으로 상위 노출이 될 수 있게 도와주는 시스템입니다.

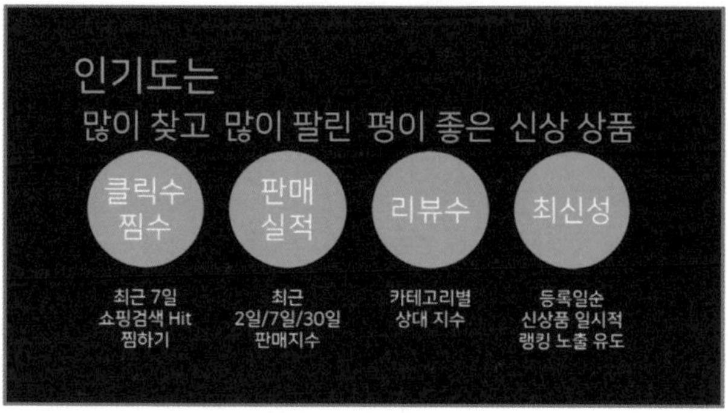

쉽게 말해 과거에 올렸던 상품보다 오늘 현재 올린 상품이 상위 노출될 수 있다는 의미입니다.

이 최신성 지수 때문에 상품수가 적은 키워드에서 초보 판매자들도 상위 노출이 될 수 있게 됩니다.

지금까지 스마트스토어가 왜 처음 시작하는 판매자에게 유리한 조건을 갖고 있는지 살펴보았습니다.

스마트스토어로 먼저 상품을 판매해 보고 어느 정도 요령이 쌓이면 추가적으로 다른 플랫폼에도 같은 상품을 업로드하는 것을 권장합니다.

7-2

네이버가 공개한 상품 노출 잘되는 방법

스마트스토어는 온라인 사업 초보자에게 '기회의 문'과 같은 역할을 합니다. 낮은 수수료와 최신성 점수, 높은 고객 이용률 등 초보자에게 더할 나위 없는 서비스를 제공해 주고 있기 때문입니다.

그러면 이 스마트스토어에는 어떻게 상품을 업로드해야 내 상품이 팔릴 확률이 높아질까요?

정답은 네이버 쇼핑 검색 최적화에 맞춰 상품을 올리는 것입니다.

스마트스토어의 SEO (네이버 쇼핑 검색 최적화)

SEO란 Search Engine Optimization의 약자로서 바꾸어 말하면 검색 엔진 최적화를 뜻합니다.

검색 엔진에 맞춰서 노출범위를 높이는 것입니다.

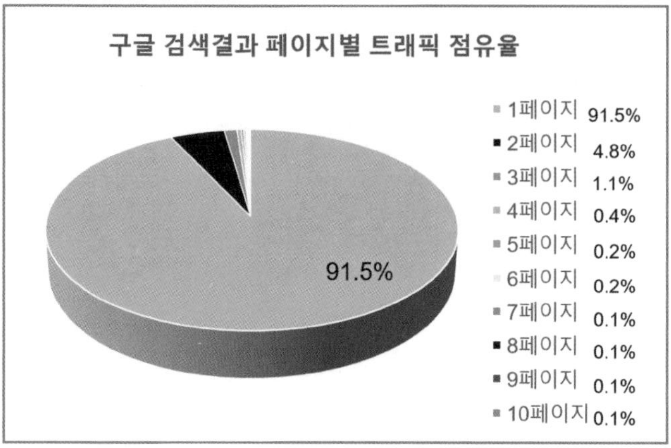

이 자료는 디지털마케팅회사 Chitika의 구글 검색 결과를 페이지 웹로그로 분석한 결과입니다. 무려 91.5%의 트래픽이 검색 결과 1페이지에 집중되어 있는 것으로 밝혀졌습니다. 이 1페이지에 걸릴 수 있게 최적화하는 작업을 SEO라고 합니다.

쇼핑도 비슷합니다. 1페이지 내에 상품이 걸리지 않으면 판매 확률이 낮아집니다.

스마트스토어의 SEO란 스마트스토어 상품을 네이버쇼핑 검색에 최적화하는 것을 말합니다.

스마트스토어 SEO에 맞게 상품을 등록해야 쇼핑 검색에서 상위 노출이 가능해지고 상위 노출이 돼야 많은 고객들이 보고 구매로 이어집니다.

이 SEO는 아주 중요한 개념이고 SEO 방법을 모른다면 아무리 좋은 키워드와 상품을 찾아도 판매로 이어지기 어렵습니다.

스마트스토어 SEO 방법은 다음과 같습니다.

네이버 쇼핑에서 검색이 잘되기 위한 좋은 상품 정보

네이버쇼핑에서 검색이 잘되는 상품 DB를 만드는 것은 어렵지 않습니다. 아래에서 소개되는 랭킹 요소를 상황에 맞게 잘 구성하면 하면 검색 사용자에게는 좋은 검색결과를 제공하고, 입점몰에게는 쇼핑검색에서 잘 노출될 수 있는 혜택을 줄 것입니다.

위에 표시된 랭킹 요소는 모두 좋은 검색결과 제공을 위해서는 필요합니다. 오른쪽 상단에 표시된 숫자가 클수록 중요하지만, 다양한 요소를 골고루 만족시켜야만 검색결과 상위에 노출될 기회를 높일 수 있습니다. 중요도가 마이너스로 표시된 요소를 위반한다면 다른 요소와 관계없이 랭킹에 불이익을 받게 됩니다.

이 자료는 네이버 쇼핑에서 검색이 잘되기 위한 좋은 상품정보에 관한 네이버에서 공개한 자료입니다. 상품명부터 카테고리, 구매평 등 다양한 정보들이 있습니다.

① 상품명

- 상품명(+3)
- 키워드 위주 & 표준 상품명

- 추상적인 말 금지(길게 쓸 필요 없음)
- 키워드는 단어로 인식(띄어쓰기)
- 제품 속성에 있는 키워드 작성 필요 없음(자동 등록됨)

상품명을 어떻게 작성하느냐에 따라서 어떤 키워드로 내 상품이 노출되는지 결정됩니다.

다음 예시처럼 처음 상품을 찾을 때 발견한 핵심키워드를 가장 앞에 작성하고, 그 뒤에는 서브키워드 2~3개 정도 작성 후 상품정보를 작성하면 됩니다.

예시)	**핵심 키워드 + 서브 키워드 + 서브 키워드 + 상품정보**
	르쿠르제 + 머그컵 + 레인보우 6종 세트 + 350mL

네이버 상품명은 키워드 위주로 작성되어야 작성한 키워드에 노출이 되고 "귀여운", "잘 팔리는", "인기 있는"과 같은 추상적인 말들을 작성하면 안 됩니다.

또한, 제품 속성에 있는 키워드를 작성하면 안 되며 띄어쓰기도 하나하나 생각하면서 올려야 합니다.

그런데 이 많은 것을 언제 하나하나 다 따져가며 올릴까요?

그냥 처음 찾았던 핵심키워드를 앞에 배치하고 뒤에 아이템스카우트를 통해 찾은 경쟁강도가 낮은 서브키워드들을 작성하면 앞서 상품명에 관한 점수를 다 받을 수 있습니다.

생각하고 상품명을 작성해도 결국 이 방법대로 돌아오니 해외구매대행 상품의 경우 이 방법을 이용하는 것이 좋습니다.

② 카테고리

- 카테고리(제일 중요)(+3)
- 잘못된 카테고리에 올릴 경우 노출 안 됨
- 비슷하거나 같은 제품 확인 후 올릴 것

카테고리를 잘못 선정하면 내 상품은 절대 노출되지 않습니다.

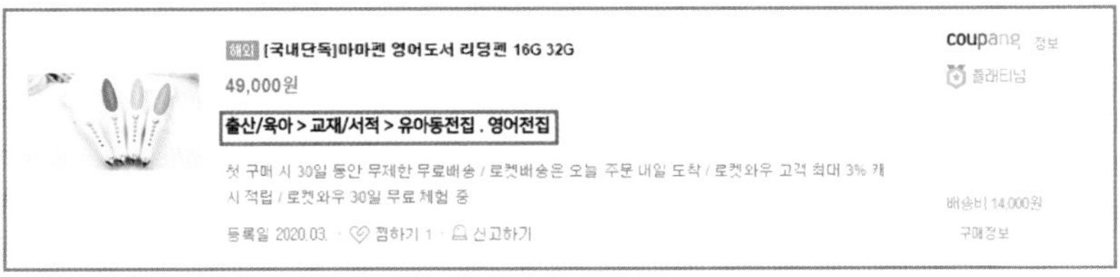

마마펜이라는 키워드입니다.

이 상품은 글자에 펜을 갖다대면 영어를 쭉 읽어주는 상품입니다. 그런데 카테고리가 디지털가전이 아닌 영어전집으로 되어 있습니다.

이유가 뭘까요? 이 상품을 디지털가전으로 업로드했을 경우 노출이 안 되기 때문입니다. 그러니까 제품 성격과 실제로는 카테고리가 다르더라도 일단 연관성이 많아 보이는 영어전집으로 올린 것입니다.

네이버는 고객들이 구매하는 데이터를 바탕으로 특정 키워드는 특정 카테고리에 지정한다는 것입니다.

즉, A라는 키워드는 정해진 카테고리가 있으며 이 정해져 있는 카테고리에 맞춰서 업로드하지 않을 경우 노출로 이어지지 않게 됩니다.

그러면 어떻게 카테고리를 확인할 수 있을까요?

해당 상품을 검색 후 1~5순위에 나타나는 상품들을 확인하고 해당 키워드의 카테고리로 설정하면 됩니다. 종종 카테고리가 잡히지 않은 키워드들을 보기도 합니다. 이때는 가장 상위 1등 키워드를 따라가는 것을 추천합니다.

③ 상품 이미지

이미지도 점수가 있습니다. 이미지는 많으면 많을수록 좋으며 사이즈를 맞춰서 업로드해야 합니다. 메인 이미지의 경우 가로×세로 1,000px를 맞춰야 하며, 상세페이지 이미지의 경우 가로를 860px에 맞춰야 합니다.

④ 가격비교

- 가격비교(+2)
- 가격비교되어 있는 제품일수록 상위 노출

가격비교는 같은 상품끼리 묶인 상품을 이야기합니다.

이렇게 묶이게 세팅할 경우, 노출점수를 더 받을 수 있습니다. 그래서 종종 상품을 검색하면, 보이는 것처럼 자사몰을 하나 더 만들어 자기들끼리 묶는 것도 확인할 수 있습니다.

이렇게 묶이면 노출은 잘 될 수 있으나 같은 상품을 올릴 경우 가격을 10원이라도 싸게 올리지 않으면 노출되지 않습니다.

⑤ 구매평과 구매데이터

- 구매평(+2) + 구매데이터(+3)
- 상위 노출의 정답
- 많이 팔리고 좋은 구매평 있는 것이 최상
- 따라서 편법 존재
- 신용정보(−3)
- 몰의 점수가 떨어질 경우 전체 상품 노출 저하
- 배송 및 CS처리 중요

여러 방법을 설명하였지만 이 방법이 단연 정답이라고 할 수 있습니다. 많이 팔리고 리뷰가 많이 쌓이면 저절로 상위 노출이 되기 때문입니다.

상위 노출 점수에서 오히려 마이너스를 받는 경우도 있습니다. 바로 어뷰징입니다.

- 어뷰징(−3)
- 구매평 조작, 구매량 조작 불가
- 찜 품앗이 불가

이것은 판매자의 쇼핑몰에 관한 내용인데 문의 내용에 늦게 대답하거나 배송이 지연된다면 페널티를 받게 되고, 이 페널티가 많아지면 노출에도 영향을 끼칩니다.

쇼핑 검색 랭킹 구성요소

다음 자료도 역시 네이버에서 발표한 쇼핑 검색 랭킹 구성 요소이며, 이전 내용과 크게 다를 게 없으니 참고하면 좋습니다.

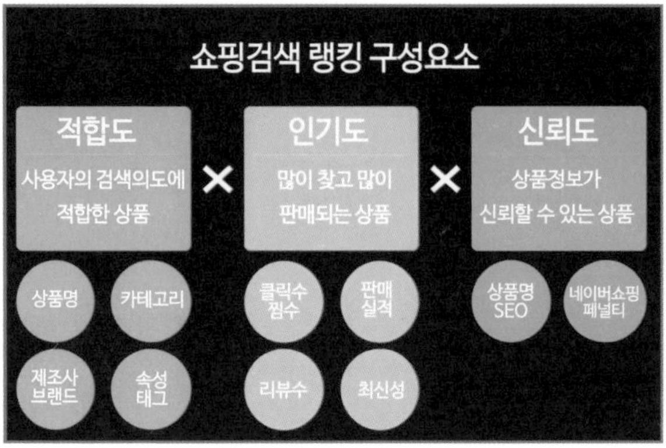

① 적합도

내 상품이 사용자의 검색의도에 적합한지에 대한 기준이며, 다음과 같이 구성되어 있습니다.

- **상품명**
    - 키워드 위주의 표준 상품명
    - 큰 키워드 ⇒ 작은 키워드 순서로 설정
    - 추상적인 키워드 불가

예시) 스타벅스 레인보우 머그컵 6종세트 350mL

(핵심 키워드 + 서브 키워드 + 제품정보)

- **상품 이미지**
  - 많을수록 좋음(최소 5개 이상)
  - 대표 이미지: 최소 3개 이상(1,000×1,000px)
  - 이미지 크기: 가로 1,000px(모바일 최적화)

- **카테고리**
  - 비슷하거나 같은 제품 확인 후 카테고리 설정하기
  - 만약 잘못된 카테고리를 설정할 경우 상품 노출 불가

- **브랜드**
  - 업로드할 상품의 브랜드를 확인 후 알맞게 설정
  - 관련 없거나 다른 브랜드를 설정할 경우 점수 하락

- **속성태그**
  - 업로드할 상품과 관련된 태그 설정하기
  - 상품기능, 구매대상에 맞게 설정

② 인기도

많이 찾고 많이 판매되며 평이 좋은 상품을 상위 노출시키는 요소로, 해당 상품이 가지는 클릭 수, 판매 실적, 구매 평수, 찜 수, 최신성 등의 고유한 카테고리 특성을 고려하여 인기도로 반영합니다.

- **클릭 수**
  - 최근 7일 동안 쇼핑 검색에서 발생된 상품 클릭 수를 지수화
    ⇒ 실제로 상품을 클릭한 수를 지수화하여 반영

- **판매 실적**
  - 최근 2일/7일/30일 동안 쇼핑 검색에서 발생한 판매 수량/판매 금액을 지수화
  - 스마트스토어의 판매 실적, 리뷰 수는 네이버페이를 통해 자동 연동
  - 부정 거래가 있을 경우 페널티 부여

- **구매평 수**
  - 개별 상품의 리뷰 수를 카테고리별로 상대적으로 환산하여 지수화
    ⇒ 구매확정 시에 상품에 대한 리뷰와 별점을 지수화함
    (리뷰 수도 중요하지만 높은 점수도 중요)

- **찜 수**
  - 개별 상품의 찜 수를 카테고리별로 상대적으로 환산하여 지수화

- **최신성**
  - 상품의 쇼핑DB 등록일을 기준으로 상대적 지수화, 신상품 일시적 노출 유도
    ⇒ 상품을 등록하게 되면 일시적으로 상위 노출됨

③ 신뢰도

네이버쇼핑 페널티, 상품명 SEO 등의 요소를 통해 해당 상품이 이용자에게 신뢰를 줄 수 있는지를 산출하여 신뢰도로 반영합니다.

상품명이 지나치게 길거나 특수문자가 들어간 경우, 상품이 가품이거나 카테고리, 셀러명을 중복으로 설정한 경우에 신뢰도 점수가 낮아지게 됩니다. 이 외에도 어뷰징(구매조작) 적발, 몰 페널티 점수 등 쇼핑몰의 신뢰를 하락시키는 경우에도 점수가 낮아집니다.

하나하나 따지고 보면 많이 복잡하고 어려워 보이는 로직이지만 한두 번 상품을 등록해 보면 익숙해져 어렵지 않습니다. 여기서부터 자주 상품을 등록하여 손에 익히길 바랍니다.

7-3

상품업로드 하는 방법

이제는 스마트스토어에 상품을 직접 등록해 볼 차례입니다. 상품을 등록하기 전, 많은 판매자가 생각보다 많은 항목들에 지레 겁부터 내곤 합니다. 하지만 어렵지 않은 빈칸 채우기 형식이므로 책에 있는 그대로 따라 하면 됩니다.

먼저, 스마트스토어에 접속 후 "상품관리" ⇒ "상품등록"을 클릭합니다.

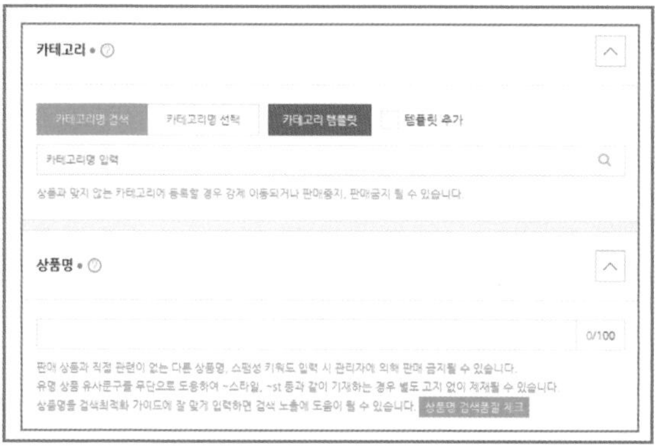
카테고리
카테고리명 검색
카테고리명 선택
카테고리 템플릿
템플릿 추가
카테고리명 입력
상품과 맞지 않는 카테고리에 등록할 경우 강제 이동되거나 판매중지, 판매금지 될 수 있습니다.
상품명
0/100
판매 상품과 직접 관련이 없는 다른 상품명, 스팸성 키워드 입력 시 관리자에 의해 판매 금지될 수 있습니다.
유명 상품 유사문구를 무단으로 도용하여 ~스타일, ~st 등과 같이 기재하는 경우 별도 고지 없이 제재될 수 있습니다
상품명을 검색최적화 가이드에 잘 맞게 입력하면 검색 노출에 도움이 될 수 있습니다.
상품명 검색품질 체크

그러면 제일 먼저 카테고리와 상품명이 나오는데, 카테고리는 쉽게 '상품을 어느 항목에 분류할 것인가'라고 생각하면 됩니다. 본인이 올릴 상품이 어떤 상품인지 파악한 후 입력하면 됩니다.

① 카테고리

다른 제품들을 확인하여 정확히 기재합니다. 각 키워드는 맞는 카테고리가 정해져 있습니다. 만약 카테고리가 정해져 있지 않을 경우 상위 3위권을 따르는 것이 좋습니다.

카테고리가 적합하지 않을 경우 노출이 안 되니 주의해야 합니다.

② 상품명

이미 시장에서 널리 팔리고 있는 제품을 판매할 계획이라면, 잘 팔리고 있는 제품의 상품명을 순서만 조금 바꾸는 편이 키워드 검색노출에 용이합니다.

예시) 애플 에어팟 프로 3세대 블루투스 5.0 블랙

⇒ 애플 에어팟 프로 3세대 블랙 블루투스 5.0

시장에서 몇 개 없는 상품이라면 앞서 살펴본 "메인키워드 + 서브키워드 + 서브키워드"의 규칙을 지켜 상품명을 작성하면 됩니다.

- 쇼핑몰, 카테고리명 기재하지 않음
- 특수기호(, . ( ) [ ] ! @ …) 사용하지 않음
- 메인키워드 + 서브키워드 + 서브키워드 + 속성
- 제품속성에 있는 키워드는 사용하지 않아도 됨(자동 등록됨)

- 속성에 없는 키워드를 제품명으로 활용

예시) 오버핏, 기모, 베이직

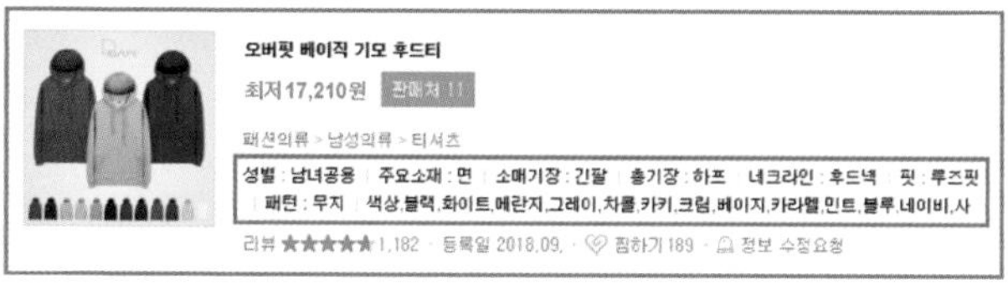

③ 판매가

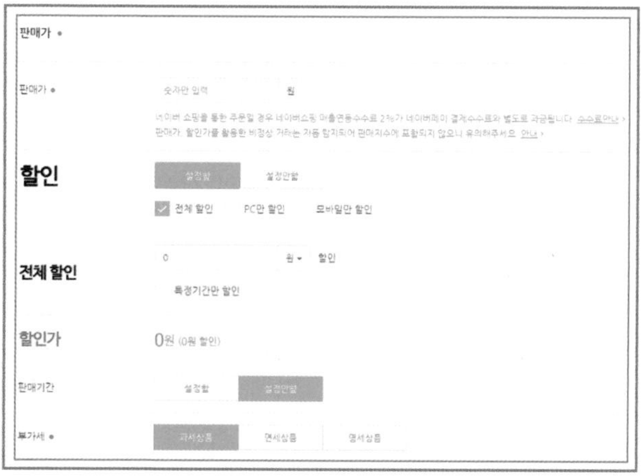

여기서 소소한 TIP은 "할인"입니다. TIP은 판매자의 순수익을 덜어서 만드는 할인이 아닌 눈속임의 할인을 말합니다.

만약, 희망 판매가를 29,000원이라고 가정한다면 판매가를 39,900원에, 그리고 할인을 10,900원으로 입력하면 꽤 비싼 제품을 크게 할인하여 29,000원에 파는 효과를 볼 수 있습니다.

그렇다고 해서 100% 이상 넘어가는 할인율을 설정한다면 역효과가 발생할 수 있으니 10~40% 정도의 할인율을 설정하길 권합니다.

이후의 설정화면에서 판매기간은 “설정안함”, 부가세는 “관세상품”으로 선택합니다.

④ 재고수량

말 그대로 상품의 재고가 몇 개 있는지를 뜻하며, 해외구매대행 특성상 재고가 몇 개인지 알 수 없으니 허구의 숫자를 넣어도 됩니다.

예시) 1,010개, 2,030개

⑤ 옵션

상품의 옵션을 말하며 주로 색상, 크기, 길이, 너비 등 판매상품의 옵션이 여러 개일 때 사용됩니다. 다만, 옵션이 없을 때는 선택하지 않습니다.

⑥ 상품 이미지

상품의 얼굴. 바로 이미지입니다. 화질이 낮은 사진은 피하고 최대한 모바일 환경에 맞춰서 진행합니다(1,000×1,000px).

대표 이미지에는 따로 편집해서 만든 사진(글자나 기호가 기입된 사진)이 아닌 상품만 있는 사진으로 설정해야 합니다(저품질 우려).

추가 이미지는 3~9장 정도 업로드하는 것이 좋으며, 동영상 또한 업로드하면 네이버 SEO에 의해 노출점수가 상승되지만 없어도 크게 상관은 없습니다.

⑦ 상품 주요정보

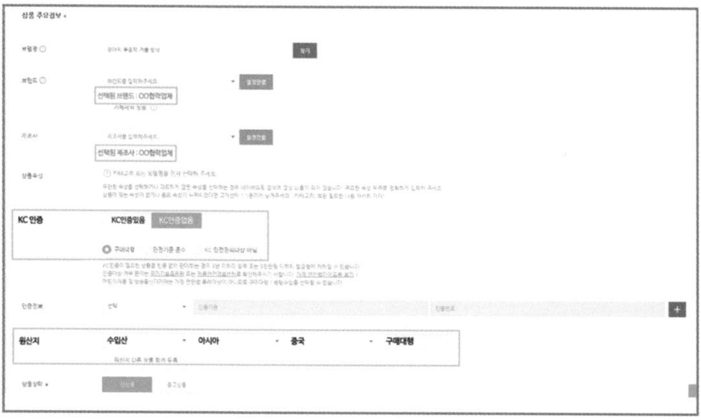

- 모델명: 상품의 모델명 입력(상품명 그대로 붙여넣기 해도 상관없음)
- 브랜드, 제조사: 상품이 브랜드가 있는 제품이라면 그 브랜드를 입력. 브랜드가 없는 제품이라면 사진과 같이 "○○협력업체"(스마트스토어명)로 작성
- KC인증, 원산지: 사진 참조. 원산지의 경우 미국에서 구매한 제품이라면 수입산 ⇒ 북아메리카(북미) ⇒ 미국으로 작성하면 됩니다.

⑧ 상품정보제공고시 및 배송 등

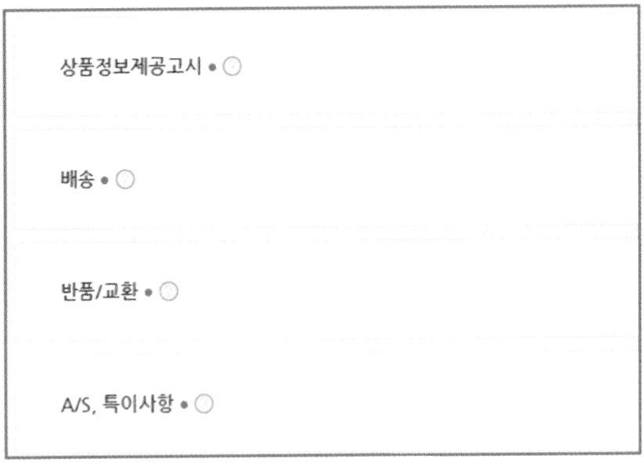

- 상품정보제공고시: 하나하나 꼼꼼히 작성하는 것이 원칙이지만 "상품상세 참조로 전체 입력" 해도 무방
- 배송: 자신의 배송대행지 주소로 작성, 묶음배송 해제
- 반품/교환: 반품 배송비: 20,000~30,000원
  교환 왕복 배송비: 40,000원~60,000원

(고객 착오로 반품 및 교환이 이루어질 때의 가격이며, 구매대행은 재고 없이 판매하기에 반품 교환 배송비의 단가의 기준이 높다.)

- A/S, 특이사항: 구매대행 상품은 A/S가 불가하다는 점을 기입하고 추가로 고객센터 전화번호도 함께 기입하면 좋다.

⑨ 구매/혜택 조건

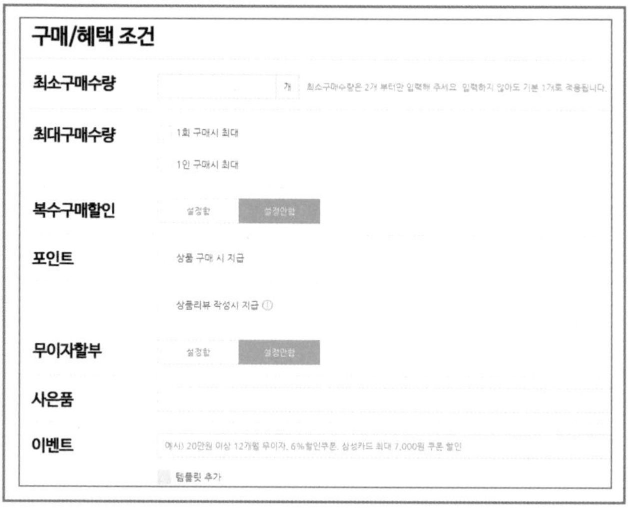

수량을 정해놓고 판매하지 않는 이상 잘 사용하지 않는 항목이며, "상품 리뷰 작성 시 지급"에 100~300원 등록을 하면 리뷰 수를 늘리는 데 도움이 됩니다.

⑩ 검색설정

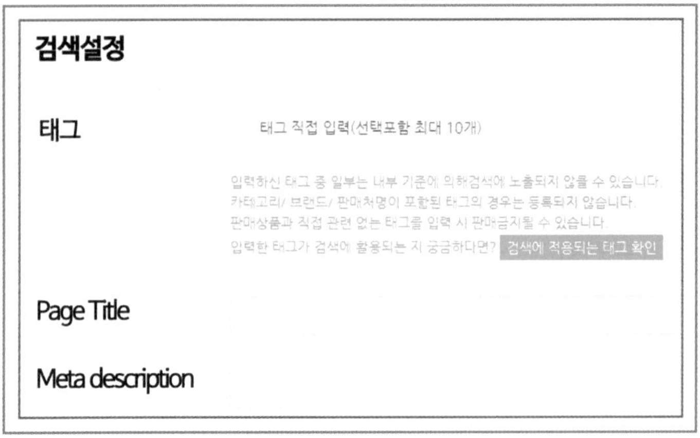
검색설정
태그
태그 직접 입력(선택포함 최대 10개)
입력하신 태그 중 일부는 내부 기준에 의해검색에 노출되지 않을 수 있습니다.
카테고리/ 브랜드/ 판매처명이 포함된 태그의 경우는 등록되지 않습니다.
판매상품과 직접 관련 없는 태그를 입력 시 판매금지될 수 있습니다.
입력한 태그가 검색에 활용되는 지 궁금하다면?
검색에 적용되는 태그 확인
Page Title
Meta description

- 태그: 인스타 해시태그와 같이 상품의 세세한 정보 및 특성 등을 기입
- Page Title: URL로 보낼 시 보이는 곳 (제목) 키워드 작성

  예시) 북유럽 머그컵
- Meta description: URL로 보낼 시 보이는 곳(소개글), 문장 형식으로 작성(키워드 포함)

  예시) 머그컵으로 예쁜 주방을 만들어 보세요

⑪ 노출 채널

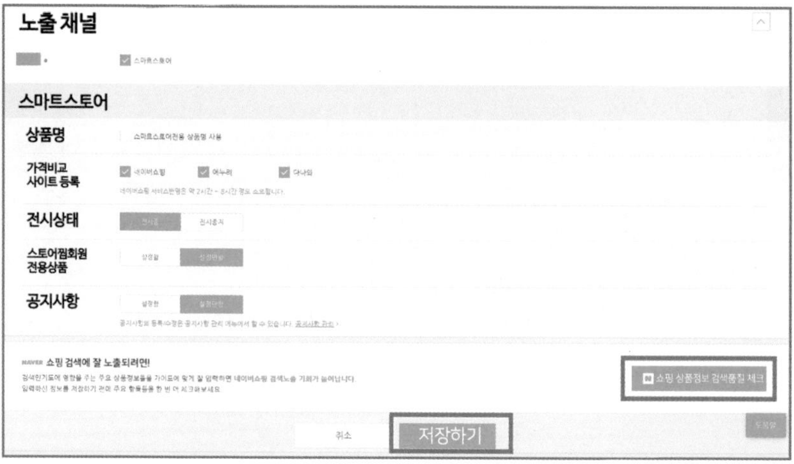

어디에 노출할 것인지 입력하는 항목입니다. 사진과 같이 항목들을 체크한 뒤 "쇼핑 상품정보 검색품질 체크"를 클릭하여 위 작성한 내용들의 품질을 체크한 후 "저장하기"를 누르면 상품 등록은 완료됩니다.

지금까지 잘 따라 오셨나요? 어려우셨나요? 하다 보면 익숙해지겠지만, 처음엔 모든 것이 낯설어 어렵게 느껴질 수 있습니다.

차근차근 한 개씩 상품을 등록해 나가면서 안내한 방법들 이외에 자신만의 노하우를 터득하여 판매 스킬을 늘려가기를 바랍니다.

7-4

상세페이지 템플릿 만들기

상세페이지란 상품의 사진, 크기, 종류 등 소비자가 구매하기 전 참고할 만한 정보들이 있는 페이지입니다. 이 상세페이지를 어떻게 꾸미느냐에 따라서 구매전환율에 차이가 발생합니다.

예쁜 사진과 고객들의 구매를 자극하는 문구들이 들어가면 상세페이지를 보고 상품을 구매하는 확률이 늘어나게 됩니다.

그런데 모든 상품의 상세페이지에 시간과 노력을 들여 예쁘게 제작해야 할까요?

만약 제품을 사입해서 무조건 팔아야 하는 상황이거나, 업로드할 상품수에 제한이 있는 위탁판매의 경우라면 모든 상품의 상세페이지를 시간과 노력을 많이 들여야 하겠지만, 해외구매대행 사업은 다릅니다.

노출이 잘 될 것이란 보장이 없는 상품에 처음부터 많은 시간을 투자해서 상세페이지를 꾸미는 것은 효율적이지 못하기 때문입니다.

그래서 저는 상세페이지를 작성할 때 어느 정도 노출이 잘될 수 있는 수준으로 상세페이지를 꾸며 상품을 올리고 추후 네이버 데이터랩을 통해 고객 유입수는 많이 들어오는데 구매전환이 적은 상품들만 따로 추려내 상세페이지를 더 꾸미는 작업을 합니다.

실제 월 수억 원씩 판매하고 있는 다른 판매자들도 초반에는 이렇게 상세페이지를 세팅했으며, 아직도 저는 이런 간단한 상세페이지를 통해 상품을 판매하고 있습니다.

그렇다면, 이처럼 적은 시간 투자 대비 상세페이지를 효율적으로 작성하는 방법에는 어떤 방법들이 있을까요?

① 해외구매대행 상품임을 알리는 포스터

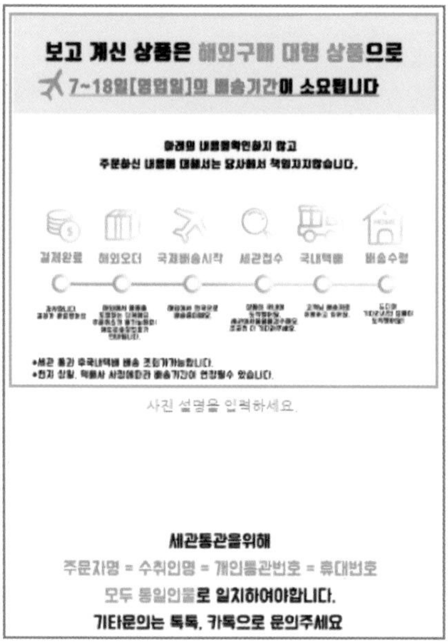
보고 계신 상품은 해외구매 대행 상품으로
7~18일[영업일]의 배송기간이 소요됩니다
결제완료
해외오더
국제배송시작
세관접수
국내택배
배송수령
사진 설명을 입력하세요.
세관통관을위해
주문자명 = 수취인명 = 개인통관번호 = 휴대번호
모두 동일인물로 일치하여야합니다.
기타문의는 톡톡, 카톡으로 문의주세요

사진과 같이 해외구매대행 안내 이미지를 상단에 작성합니다.

이미지에 들어가야 하는 내용은 해외상품 고지 및 해외구매대행 배송 프로세스입니다. 해외구매대행 상품의 경우 이러한 설명이 없으면 국내 상품으로 알고 결제하는 고객도 있기 때문에 구매 후 취소가 많이 발생할 수 있으니 반드시 만들어야 합니다.

② 키워드 반복 입력

상품의 상세한 정보들을 입력하지 않고 상품의 키워드를 반복해서 작성하는 방법입니다.

물론 상품의 이미지, 제원 및 상세정보 등을 입력하는 것이 더 좋지만 시간을 최대한 아끼면서 상품 등록하는 것에 목적을 둔다면, 다음과 같이 키워드를 반복해서 작성하는 것을 추천합니다.

예시) 키워드: 스타벅스 검정 사이렌 머그컵 이미지 – 스타벅스 검정 사이렌 머그컵 이미지 – 스타벅스 검정 사이렌 머그컵 반복

③ 개인통관고유번호 알림

해당상품은 구매대행 상품입니다.
구입 시, 개인통관 고유번호가 필요합니다.
개인통관 고유번호를 모르시는 분은
국세청 유니패스에 가셔서 받으실 수 있으며
방법을 모르실 경우 톡톡으로 연락 부탁드립니다 :)
모바일로 쉽게 받자
모바일로 쉽게 받는 개인통관고유부호 발급
blog.naver.com
통관고유번호 공유란에 꼭!
체크해주세요

개인통관고유번호와 관련된 URL을 작성하는 것입니다.

해외구매대행을 할 때 구매자의 개인통관고유번호가 없으면 통관이 안 되고, 이를 모르는 고객들에겐 시간 낭비하지 않게 하는 좋은 정보가 되기 때문에 상품정보를 작성한 후 가장 마지막에 개인통관고유번호 발급방법이 나와 있는 블로그 주소나 관세청 주소를 입력합니다.

초반 템플릿 구성은 간단하게 하고 시간이 지나 상품이 쌓이면 조금 더 디테일하게 만드는 것을 추천합니다.

한 가지 기억해야 할 것은 사업 초보일 때 처음부터 노출이 잘 될지 안 될지 모르는 상품에 많은 시간을 쏟는 것보다 먼저 상품을 많이 등록한 다음, 추후 데이터를 본 후 상품 상세페이지를 꾸미는 것이 매출 증진에 더욱 좋다는 사실입니다.

7-5

상품 노출에 영향을 주는 스토어 관리

상품 노출은 쇼핑몰을 어떻게 관리했느냐에 따라 달라집니다.

① 판매자 등급

쇼핑몰 판매 등급이 높아지면 높아질수록 상품이 상위 노출되며, 쇼핑몰 관리를 잘못해서 발생하는 페널티가 늘어나면 늘어날수록 상품 노출이 잘 안 됩니다.

즉, 잘 팔아서 판매등급을 올리면 상품들이 모두 잘 노출되고, 발송처리가 지연되거나 품절취소를 하지 않아 생긴 페널티들은 상품 노출에 악영향을 줄 수 있다는 뜻입니다.

플래티넘 프리미엄 빅파워 파워

네이버쇼핑 검색 중 이런 메달 아이콘을 보신 적 있나요? 쇼핑몰 등급을 나눈 표시입니다. 이 등급에 따라서 상품의 노출이 달라집니다.

네이버 스마트스토어에서는 정확한 점수를 공개하고 있지는 않지만 직접 빅파워까지 달아본 결과 유의미한 차이를 느낄 수 있었습니다.

등급이 가장 낮은 씨앗과 두 단계 윗 등급인 파워 그리고 빅파워가 모두 같은 조건으로 상품을 업로드할 경우에 파워, 빅파워의 쇼핑몰 점수가 높아 씨앗인 스토어보다 상위 노출이 되는 구조입니다.

경험에 따르면 등급이 씨앗일 경우 업로드된 상품수 2,000 이상의 키워드는 광고 없이 1페이지 내에 걸리는 것이 굉장히 어려웠습니다.

하지만 파워를 달성하고 나서부터는 상품수 4,000 이상의 키워드로 1페이지에 노출을 했었고, 빅파워는 6,000 이상의 키워드로도 1페이지 노출이 가능했습니다.

이는 엄청난 차이입니다. 사실상 파워 등급만 되어도 광고 없이 판매할 상품들이 매우 많아지게 된다는 의미입니다.

그렇다면 어떻게 판매자 등급을 올릴 수 있을까요?

이 자료는 네이버에서 공개한 등급조건 표입니다. 3개월 누적 판매를 보여주며, 3개월 동안 300개를 팔고 800만 원을 판매하면 파워 등급이 됩니다.

빅파워는 500건, 4천만 원 이상입니다.

프리미엄 플래티넘은 그 이상인데, 사실 해외구매대행 사업은 배송이 늦기 때문에 굿서비스를 다는 것이 매우 어렵습니다. 그래서 해외구매대행을 하면서 달성 가능한 최대치는 빅파워라고 보면 됩니다.

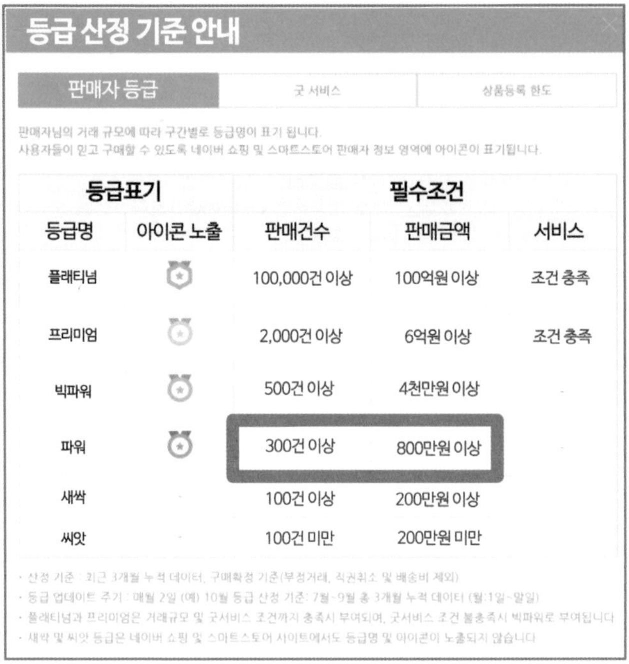

등급 산정 기준 안내

판매자 등급 | 굿 서비스 | 상품등록 한도

판매자님의 거래 규모에 따라 구간별로 등급명이 표기 됩니다.
사용자들이 믿고 구매할 수 있도록 네이버 쇼핑 및 스마트스토어 판매자 정보 영역에 아이콘이 표기됩니다.

등급표기		필수조건		
등급명	아이콘 노출	판매건수	판매금액	서비스
플래티넘		100,000건 이상	100억원 이상	조건 충족
프리미엄		2,000건 이상	6억원 이상	조건 충족
빅파워		500건 이상	4천만원 이상	-
파워		300건 이상	800만원 이상	-
새싹	-	100건 이상	200만원 이상	
씨앗	-	100건 미만	200만원 미만	

· 산정 기준 : 최근 3개월 누적 데이터, 구매확정 기준(부정거래, 직권취소 및 배송비 제외)
· 등급 업데이트 주기 : 매월 2일 (예) 10월 등급 산정 기준: 7월~9월 총 3개월 누적 데이터 (월:1일~말일)
· 플래티넘과 프리미엄은 거래규모 및 굿서비스 조건까지 충족시 부여되며, 굿서비스 조건 불충족시 빅파워로 부여됩니다
· 새싹 및 씨앗 등급은 네이버 쇼핑 및 스마트스토어 사이트에서도 등급명 및 아이콘이 노출되지 않습니다

② 판매 페널티

판매자 등급은 쇼핑몰 관리를 통해 상품 노출에 플러스를 주는 부분이었다면 판매 페널티는 상품 노출에 마이너스가 되는 부분입니다.

판매 페널티란 판매자 책임의 판매활동이 원활하게 이루어지지 않을 경우 쇼핑몰에 대한 페널티를 부과 받는 것을 말합니다. 즉, 쇼핑몰 관리를 소홀하게 되면 받습니다.

이 페널티를 많이 받게 되면 올린 상품이 상위 노출되기가 어려우니 잘 관리해야 합니다.

판매 페널티 부과 기준은 다음과 같습니다.

항목	상세기준	페널티 부여일	점수
발송 처리지연	발송유형별 발송처리기한까지 미발송 (발송지연 안내 처리된 건 제외)	발송처리기한 다음 영업일에 부여	1점
	발송유형별 발송처리기한으로부터 4영업일 경과 후에도 계속 미발송 (발송지연 안내 처리된 건 제외)	발송처리기한+5영업일에 부여	3점
	발송지연 안내 처리 후 입력된 발송예정일로부터 1영업일 이내 미발송	발송예정일 다음 영업일에 부여	2점
품절취소	취소 사유가 품절	품절 처리 다음 영업일에 부여	2점
반품 처리지연	수거 완료일로부터 3영업일 이상 경과	수거완료일+4영업일에 부여	1점
교환 처리지연	수거 완료일로부터 3영업일 이상 경과	수거완료일+4영업일에 부여	1점

이 자료 역시 스마트스토어에서 공개한 자료입니다.

발송하기로 한 날짜보다 늦게 보내거나 품절로 취소할 경우, 그리고 반품 및 교환이 지연되면 페널티를 받습니다.

해외구매대행의 경우, 판매가 되면 발송지연으로 발송예정일을 고객에게 전달합니다. 그런데 만약 특정 사유로 인해 발송예정일에 맞춰 송장번호를 작성하지 않게 된다면 페널티를 받습니다.

그리고 만약 올려놓은 상품의 재고가 없어서 품절로 판매를 취소시켜도 페널티 2점을 받습니다.

페널티 점수가 쌓이면 상품 노출이 제한되며 쇼핑몰 운영에도 단계별로 제재를 받게 됩니다. 제재는 다음과 같습니다.

- **1단계: 주의**

최근 30일 동안 스마트스토어의 페널티 점수의 합이 10점 이상이며, 판매관리 페널티 비율(판매관리 페널티 점수의 합/결제건수의 합)이 40% 이상으로 최초 발생된 상태입니다.

- **2단계: 경고**

'주의' 단계를 받은 판매자 중 최근 30일 동안 스마트스토어의 페널티 점수의 합이 10점 이상이고, 판매관리 페널티 비율(판매관리 페널티 점수의 합/결제건수의 합)이 40% 이상인 경우이며, '경고' 단계를 받은 날로부터 7일간 신규 상품 등록이 금지(스마트스토어센터 및 API 연동을 통한 신규 상품 등록 금지)되어 스토어 활동에 영향을 끼치는 단계입니다.

- **3단계: 이용제한**

'경고' 단계를 받은 판매자 중 최근 30일 동안 스마트스토어의 페널티 점수의 합이 10점 이상이고, 판매관리 페널티 비율(판매관리 페널티 점수의 합/결제건수의 합)이 40% 이상인 경우이며, 스마트스토어 이용정지 처리되어 판매 활동 및 정산이 제한됩니다.

이처럼 페널티 그리고 횟수에 따라 제재되는 수위가 다르며, 시작한 지 얼마 안 된 초보자의 경우 잘못되더라도 주문량이 얼마 없어 '주의' 단계에서 그치기도 합니다. 하지만 주문량이 어느 정도 나오기 시작한 이후에서부터는 페널티를 관리하지 않으면 금방 '경고' 단계까지 이르러 스토어 이용제한의 위험이 있으니 페널티에 각별한 주의를 해야 합니다.

어쩔 수 없이 페널티 1점이 발생했다고 너무 슬퍼하지는 않아도 괜찮습니다. 왜냐하면 받은 1점은 30일이 지나면 없어집니다.

③ 쇼핑몰 판매 페널티 받지 않는 방법

만약에 COVID-19 사태처럼 외국 내 셧다운으로 배송할 수 없는 상황이 발생한다면 어떻게 해야 할까요?

혹시 내가 아파서 쇼핑몰 관리를 못하거나 배송날짜를 맞출 수 없을 경우 어떻게 해야 할까요?

도저히 손 쓸 수 없는 상황일 때만 아주 가끔 사용하는 방법이 있습니다. 바로 배송 지연처리 연장 방법입니다. 국가 재난상태나 갑작스러운 상황들이 겹쳐 일을 할 수 없을 때 발송예정일이 얼마 남지 않은 건을 해외 기타 택배로 수정하는 방법입니다.

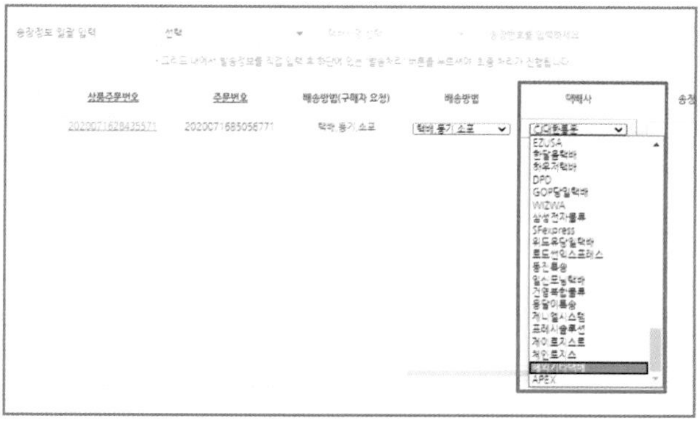
EZUSA
DPD
WIZWA
SFexpress
APEX

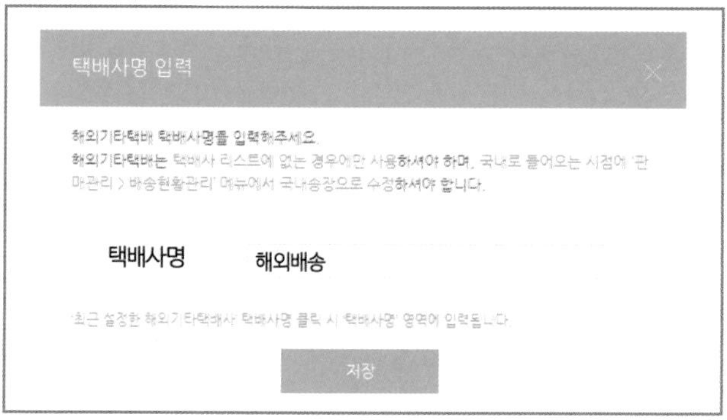
택배사명 입력
해외기타택배 택배사명를 입력해주세요.
해외기타택배는 택배사 리스트에 없는 경우에만 사용하셔야 하며, 국내로 들어오는 시점에 '판매관리 > 배송현황관리' 메뉴에서 국내송장으로 수정하셔야 합니다.
택배사명
해외배송
최근 설정한 해외기타택배사 택배사명 클릭 시 '택배사명' 영역에 입력됩니다.
저장

해외 기타택배로 처리할 경우 배송기한이 무기한으로 넘어가며 실제 국내택배 송장번호가 나왔을 때, 변경해 주면 됩니다.

이 방법은 페널티를 안 받을 수 있다는 장점은 있으나 구매자에겐 택배를 발송했다는 거짓말을 하는 것이기 때문에 미리 문자나 톡톡으로 상황 설명을 해서 양해를 구하고 진행하는 것이 좋습니다.

④ 품절취소 페널티를 막는 방법

이 방법은 COVID-19 사태 초기 마스크 대란 때 마스크 판매자들이 자주 사용하던 방법입니다.

쇼핑몰을 관리하다 보면 종종 판매자가 사라지는 경우나 갑자기 상품의 가격이 너무 올라 제품의 마진이 안 남는 상황이 발생하기도 합니다.

이때 판매 취소 사유로 "품절" 혹은 판매자 귀책사유로 인한 취소를 하게 되면 2점의 페널티 점수를 받게 됩니다. 그래서 이 점을 방지하고자 판매 취소 사유를 판매자 귀책사유가 아닌 구매자 귀책사유로 설정하는 것입니다.

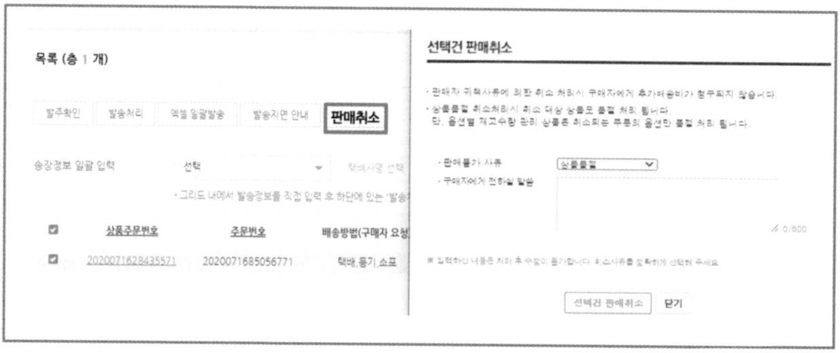

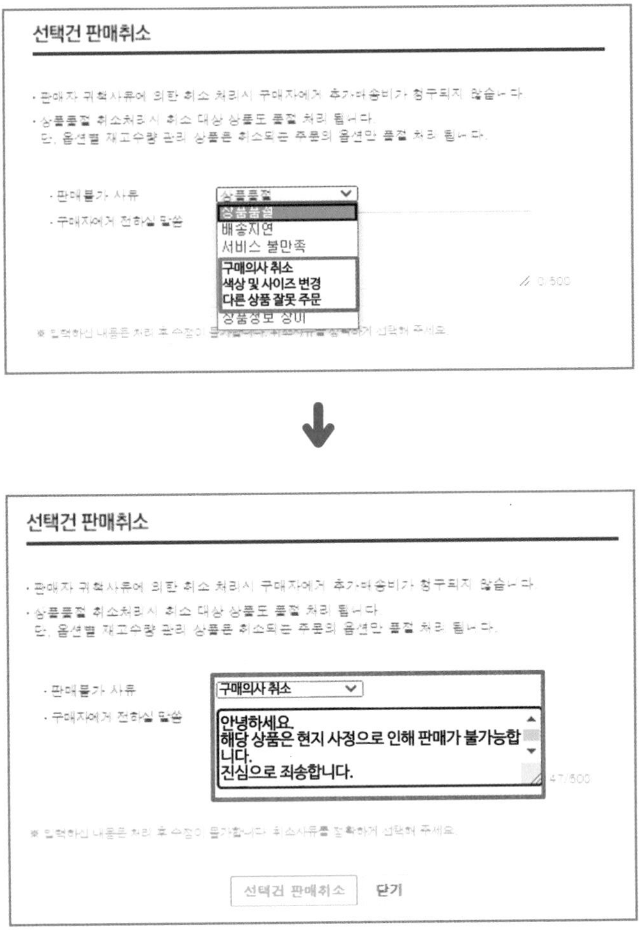

위와 같이 고객 변심과 같은 사유로 설정한 후 구매자에게 현재 상황을 전하는 글을 작성합니다. 이후에 취소통보를 받은 고객은 작게 보이는 취소사유보다는 길게 작성된 글을 보기 때문에 클레임이 발생되지 않습니다.

하지만 절대로 좋은 방법은 아니며, 자주 사용해서는 안 됩니다. 시스템의 한계를 이용한 방법일 뿐 정직한 방법은 아니기 때문입니다. 자신의 페널티 점수가 위태한 상황이거나 쇼핑몰 정지처분을 받기 직전일 때가 아니라면 사용하지 않는 것을 권합니다.

CHAPTER

8

광고 및 간단한 마케팅 방법

8-1 네이버 광고 가입 및 광고 세팅하기

8-2 네이버 광고 이해하기

8-3 찜 쿠폰발행 및 리뷰 유도하기

8-4 잘 팔리는 상세페이지의 특징

8-5 주의해야 할 나쁜 방법들(어뷰징)

8-1

네이버 광고 가입 및 광고 세팅하기

이 장에서는 상품 업로드 후 상품이 더 잘 판매되기 위해서 할 수 있는 기본적인 세팅 방법들에 대해 알아보겠습니다.

먼저 네이버 쇼핑 광고 세팅을 진행하기 전 네이버 쇼핑 광고는 어떻게 이루어졌고, 어떤 식으로 돈이 나가고, 어디에 노출되는지에 관해서 먼저 살펴보겠습니다.

여러분들이 특정 키워드로 상품을 검색했을 시, 가장 먼저 노출되는 상품들의 특징들은 무엇일까요?

바로 광고입니다. 키워드 검색 시 상위 1~4위의 상품들은 전부 광고를 통해서 노출되고 있습니다.

바로 이 부분이 광고영역입니다.

네이버 쇼핑광고영역

– 키워드 검색 시 상위 1~4위가 노출

– CPC 입찰 광고

이 광고영역은 광고비를 지불해야 노출될 수 있는 영역입니다. 즉, 보이는 부분에 노출되고 있는 상품은 돈을 지불했기 때문에 이렇게 노출되고 있다는 것입니다.

그렇다면 쇼핑광고의 광고비는 어떻게 측정되고, 어떻게 지불될까요?

네이버는 CPC 광고방식을 책정합니다.

CPC란 Cost Per Click 의 약자로서. 1회 클릭당 비용을 이야기합니다. 즉, 소비자가 광고영역의 상품을 클릭하면, 광고 비용이 발생합니다.

그러면 이 1회당 클릭 비용은 어떻게 측정될까요?

네이버 쇼핑 광고 가격은 키워드당 실시간 입찰을 통해서 측정됩니다.

여기 1위로 노출되고 있는 상품은 이 키워드로 현재 가장 높은 입찰가를 설정한 것이고, 2위로 노출되고 있는 상품은 두 번째로 높은 입찰가, 3위 역시 그 다음인 세 번째로 높은 입찰가를 통해 이루어져 있습니다.

클릭당 비용이 지출되기 때문에 첫 번째로 노출되고 있는 광고의 예산이 소진된다면, 해당 광고는 내려가고 두 번째로 노출되던 광고가 1위 자리로 노출됩니다.

여기서 잠깐!

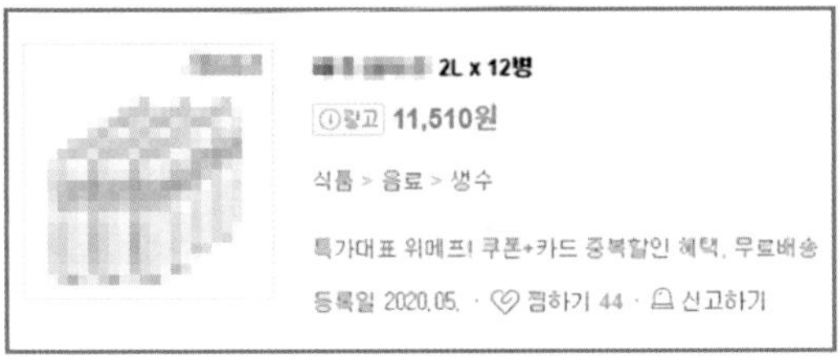

여기에 걸린 이 광고는 클릭당 얼마의 비용을 지불하고 있는지 알 수 있을까요?

정답은 '광고를 직접 걸어보기 전에는 알 수 없다' 입니다. 네이버 쇼핑 내의 키워드 단가를 알려면 실제 입찰금액을 설정해서 광고를 돌려봐야만 알 수 있습니다. 돈을 지불해 보기 전까지는 입찰가격을 알 수 없습니다.

경험적으로 경쟁강도와 검색수에 따라 얼마인지 예상은 해 볼 수 있으나 정확한 가격은 네이버광고에서 제공하고 있지 않습니다.

CPC(Cost Per Click) 광고

- 1회 클릭당 비용 부가
- 실시간 입찰 경쟁으로 비용 책정
- 다른 사람의 키워드 입찰가는 알 수 없음

8-2

네이버 광고 이해하기

지금부터는 네이버 광고를 세팅하는 방법에 대해 알아보겠습니다.

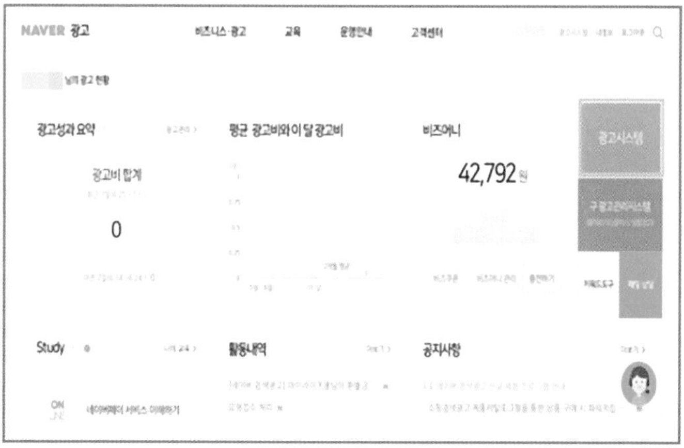

1. 먼저, 네이버 광고에 로그인한 후 광고 시스템에 접속합니다.

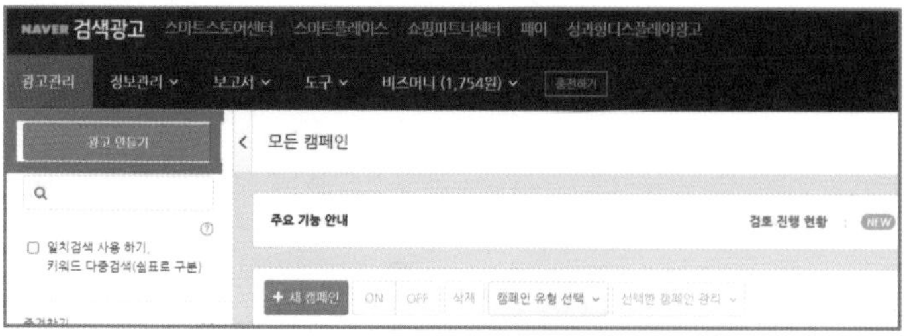

2. 이후 왼쪽 상단의 “광고 만들기”를 클릭합니다.

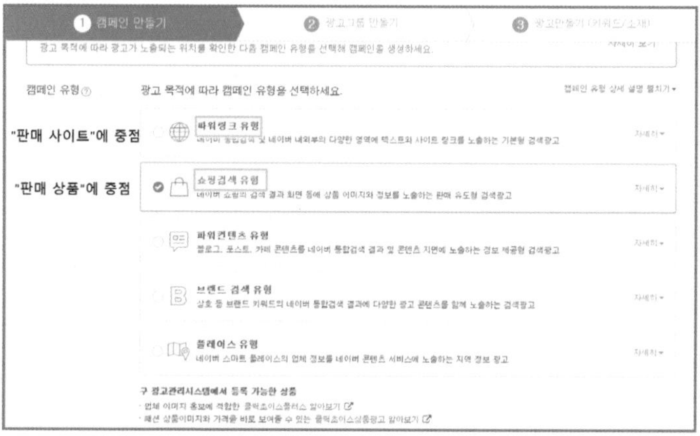

3. 캠페인 만들기 차례에서 “쇼핑 검색 유형”을 클릭합니다.

- 파워링크 유형: “판매 사이트”에 중점
- 쇼핑검색 유형: “판매 상품”에 중점

예시) 쇼핑 검색과 파워링크

여기서 잠깐!

광고 설정 화면에 나오는 광고 캠페인과 그룹, 소재는 무엇일까요?

남성 의류 쇼핑몰로 쇼핑 검색 광고를 만든다고 가정해 보겠습니다.

- 캠페인은 ⇒ 남성의류(상의)로 작성하여 관리하고
- 그룹은 ⇒ 맨투맨, 셔츠, 반팔 등으로 작성하여 관리할 수 있으며
- 소재는 ⇒ 맨투맨a, 맨투맨b, 맨투맨c처럼 각각의 상품을 뜻합니다.

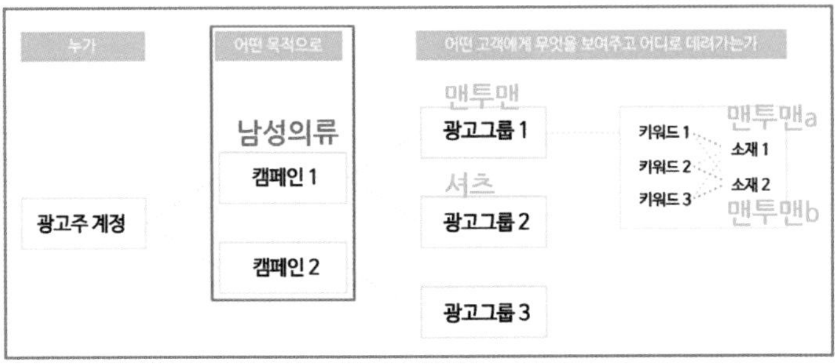

즉, 캠페인은 대주제, 그룹은 소주제, 소재는 그 안에 들어가는 하나하나의 상품을 이야기하는 것입니다. 이 개념이 중요한 이유는 캠페인, 그룹, 소재별로 각각 예산을 측정할 수 있기 때문입니다.

예를 들어, 캠페인에 3,330원의 광고 예산을 설정했으면, 각 그룹에는 3,330원 이상의 광고 예산을 설정할 수 없고, 소재 역시 그룹에 설정한 광고 예산 이상을 설정할 수 없습니다.

또한 만약 a라는 소재가 사람들이 많이 클릭을 해서 하루 캠페인 예산을 전부 사용했다면 b, c의 소재들뿐만 아니라 이외에 다른 그룹들도 광고가 꺼지게 됩니다.

이어서 다음 방법에 대해 알아보겠습니다.

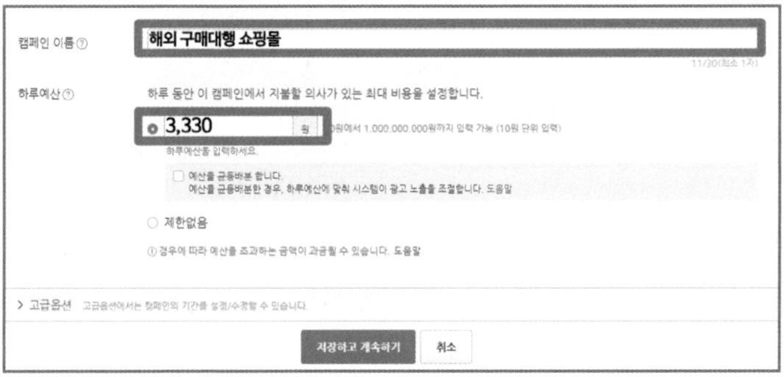

4. 캠페인 이름 및 예산을 설정합니다.

- 한 달 예상 광고 비용 10만 원을 기준으로 하루 예산 3,330원 측정
  (네이버 광고는 첫 달 사용료에 대하여 최대 10만 원까지 쿠폰으로 돌려주니 광고를 이용한 상품판매를 계획하고 있다면 첫 광고 이용 후 당월에는 10만 원 이상 사용하는 것을 추천합니다.)

5. 광고 그룹을 설정합니다.

"쇼핑몰 상품형"을 선택한 이후 그룹의 이름과 자신의 쇼핑몰 URL을 입력합니다.

기본 입찰가는 50원부터 시작하며, 주력 상품으로 판매하고 싶다면 100원 이상을, '조금이라도 좋으니 원래보다 위에 노출되었으면 좋겠다' 생각한다면 60~80원 정도를 권장합니다.

그리고 중요한 "고급옵션"을 클릭.

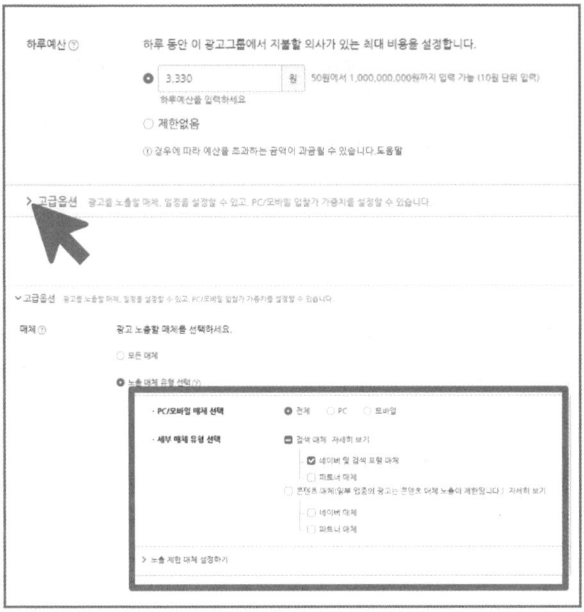

매체는 모든 매체가 아닌 검색 매체 중 네이버 및 검색 포털 매체만 클릭.

파트너 매체는 네이버 검색 외에 '다나와'와 같은 네이버와 협력되어 있는 사이트들을 이야기합니다. 경험상 광고효율이 낮습니다. 그러므로 파트너 매체는 끄는 걸 추천합니다.

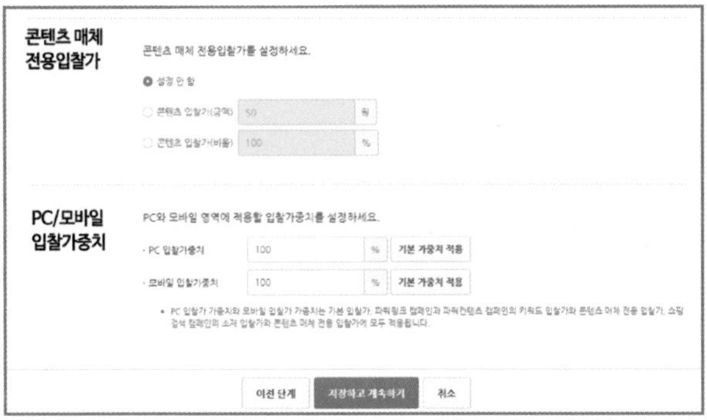

콘텐츠 매체도 설정하지 않는 것을 권장합니다.

여기는 블로그에 나오는 광고들을 말하는데, 이것도 비교적 효율이 떨어지니 끄는 것을 추천합니다. 지역은 상관없고, 요일/시간대도 모든 시간으로 설정합니다.

입찰 가중치는 초기에는 모바일 가중치를 150%로 설정하고, 하루 예산이 꺼지기 시작하면 100%로 낮추는 것을 추천합니다.

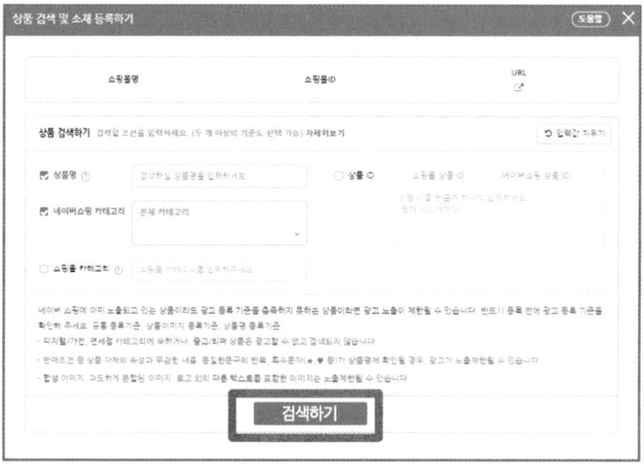

6. 이후 상품 소재에서 "검색하기"를 클릭합니다.

캠페인과 그룹에 맞는 상품을 클릭하여 쇼핑 광고를 세팅하는 것을 마칩니다.

이후에는 네이버에서 광고 소재 검토를 하고, 검토 후에 광고가 노출되기 시작합니다.

8-3

찜 쿠폰발행 및 리뷰 유도하기

① 찜 쿠폰 발행하기

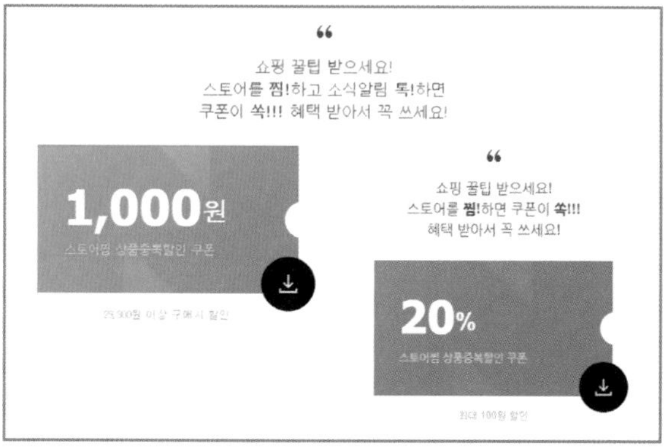
쇼핑 꿀팁 받으세요!
스토어를 찜!하고 소식알림 톡!하면
쿠폰이 쏙!!! 혜택 받아서 꼭 쓰세요!
1,000원
스토어찜 상품중복할인 쿠폰
쇼핑 꿀팁 받으세요!
스토어를 찜!하면 쿠폰이 쏙!!!
혜택 받아서 꼭 쓰세요!
20%
스토어찜 상품중복할인 쿠폰
최대 100원 할인

네이버 쇼핑에서 상품을 보다 보면 이런 쿠폰들을 흔히 볼 수 있습니다. 스토어찜을 유도하는 방법으로 소액의 금액으로 상위 노출할 수 있는 알짜배기 운영 방법입니다. 쇼핑몰 찜 수가 늘어야 노출점수가 늘어나기 때문

입니다.

그러면 이 스토어찜 쿠폰은 어떻게 발행하는 것일까요?

먼저 스마트스토어센터에 로그인합니다.

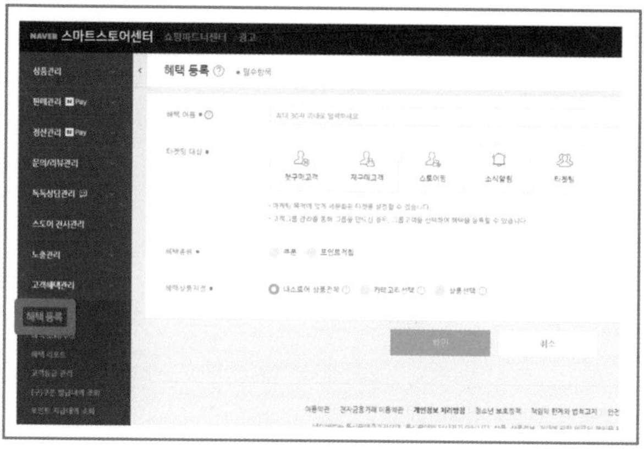

1. 고객 혜택관리에서 “혜택 등록”을 클릭합니다.

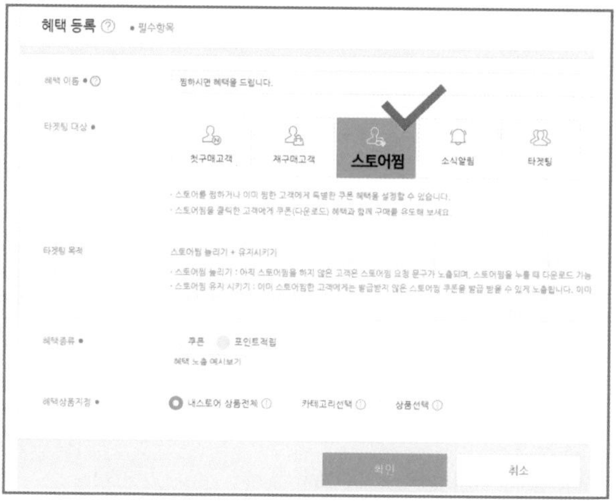

2. 혜택 이름을 작성한 후 타겟팅 대상 “스토어찜”을 선택합니다.

- **혜택 이름 예시)** "스토어찜 하시고 쿠폰 받으세요~", "스토어찜하면 혜택을 드립니다" 등

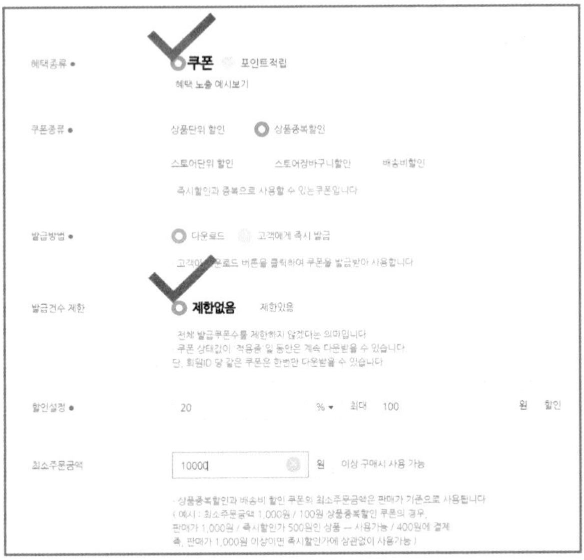
혜택종류
쿠폰
포인트적립
혜택 노출 예시보기
쿠폰종류
상품단위 할인
상품중복할인
스토어단위 할인
스토어장바구니할인
배송비할인
즉시할인과 중복으로 사용할 수 있는쿠폰입니다
발급방법
다운로드
고객에게 즉시 발급
발급건수 제한
제한없음
제한있음
전체 발급쿠폰수를 제한하지 않겠다는 의미입니다
쿠폰 상태값이 '적용중' 일 동안은 계속 다운받을 수 있습니다
단, 회원ID 당 같은 쿠폰은 한번만 다운받을 수 있습니다
할인설정
20
%
최대
100
원
할인
최소주문금액
10000
원
이상 구매시 사용 가능
상품중복할인과 배송비 할인 쿠폰의 최소주문금액은 판매가 기준으로 사용됩니다
(예시 : 최소주문금액 1,000원 / 100원 상품중복할인 쿠폰의 경우,
판매가 1,000원 / 즉시할인가 500원인 상품 → 사용가능 / 400원에 결제
즉, 판매가 1,000원 이상이면 즉시할인가에 상관없이 사용가능)

3. 혜택 종류는 쿠폰을 선택하고 이외에 항목들은 보이는 바와 같이 설정합니다.

- 할인 설정: %(퍼센트)로도 설정할 수 있으며 최대할인금액도 설정할 수 있습니다.
- 최소 주문금액: 설정한 최소금액 이상이 되어야 쿠폰을 사용할 수 있습니다.

  초보자의 경우 할인금액 100~500원

  최소 주문금액 10,000~30,000원 추천

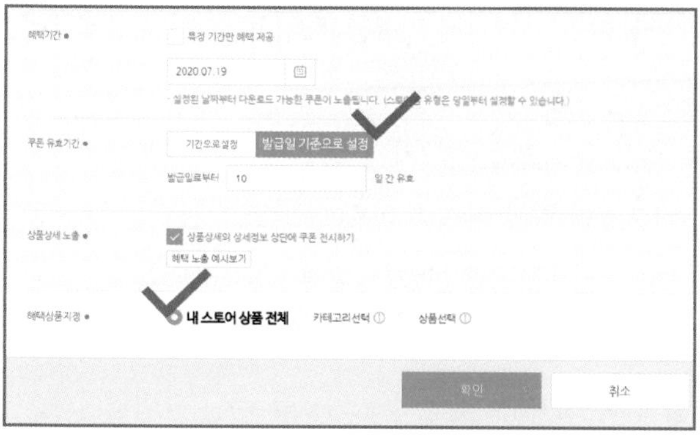

4. 다음은 기간을 설정합니다.

쿠폰 유효기간에서 "발급일 기준으로 설정"을 선택하고, 이외에 항목들은 보이는 바와 같이 설정합니다.

이후 확인하면 여러분들이 올린 모든 상품들에 쿠폰이 적용되는 것을 볼 수 있습니다.

추가적으로 이와 같은 방식으로 첫구매, 재구매 고객에게도 쿠폰을 발행할 수 있고, 소식알람, 특정 타겟 집단에게 쿠폰을 통해서 상품들의 구매를 유도할 수 있습니다.

하지만 해외구매대행 상품은 굳이 스토어찜 쿠폰 외에 추천하는 방법이 없습니다. 단, 할인 쿠폰 적용 시 순수익에서 차감되니 유의하세요.

② 리뷰 유도하기

리뷰는 고객들이 상품을 구매하는 데 있어서 엄청난 영향을 끼칩니다.

여러분도 필요한 상품을 구매할 때 다른 고객들이 작성한 리뷰를 보았을 것입니다. 실제 대다수의 판매자가 리뷰가 있는 상품은 꾸준히 계속 팔리는 현상을 경험합니다.

그러므로 가능하면 고객들이 리뷰를 작성할 수 있게 유도해야 합니다.

추천하는 '리뷰 유도 방법'은 2가지입니다.
첫 번째, 기본적인 리뷰 작성에 따른 포인트 지급
두 번째, 모든 상품에 리뷰 이벤트 실행

먼저, 상품 등록 시 리뷰 작성에 포인트를 주는 방법입니다. 상품 등록하는 방법은 7장에서 살펴보았습니다.

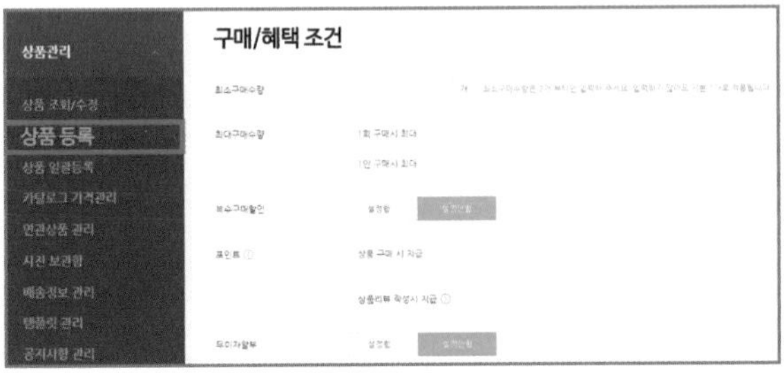

스마트스토어센터에 로그인한 후 [상품 등록] 창에 들어가 하단으로 내리다 보면 "구매/혜택 조건"이라는 창이 있습니다.

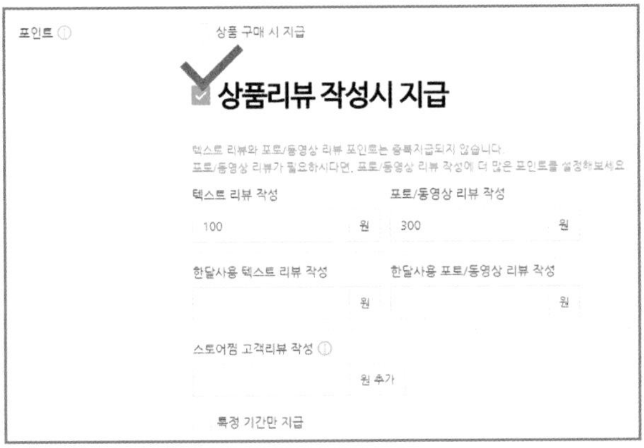

이 구매/혜택 조건을 클릭하고, 포인트 상품리뷰 작성 시 지급을 체크해 주세요.

그러면 새로운 창이 뜨는데, 여기서 고객들에게 드릴 포인트를 설정하면 됩니다. 일반적으로 텍스트 리뷰는 100원, 포토리뷰는 300원 정도로 설정하기를 추천합니다.

이렇게 설정하면, 고객들은 포인트를 받기 위해서 리뷰를 작성합니다. 다만 우리가 설정한 포인트는 정산금액에서 차감되는 점을 기억해야 합니다. 리뷰 이벤트도 방법입니다. 리뷰를 작성해 주는 분들에게 커피전문점 쿠폰과 같은 특별한 혜택을 드리는 것입니다.

이와 같이 이미지를 제작해서 모든 상품에 넣어주면 됩니다. 이러한 이미지는 한번 만들어 놓으면 오래 사용할 수 있기 때문에 가능하면 꼭 만들어서 활용하는 것을 추천합니다.

그러면 이벤트는 어떻게 관리하면 될까요?

분기별 실제 문의/관리를 참고하고 이중 가장 잘 작성해 준 고객을 선정해 톡톡을 통해 연락하여 커피전문점 쿠폰을 드리면 됩니다.

커피쿠폰 비용보다 리뷰로 인해 얻는 이윤이 훨씬 더 높으니 반드시 진행하는 것을 추천합니다.

이러한 방법 및 사소한 이벤트들이 별 것 아닌 것 같지만 실제로는 상품 판매량에 적지 않은 영향을 끼치니 여러분들도 꼭 자신의 쇼핑몰에 적용해 보길 바랍니다.

8-4

잘 팔리는 상세페이지의 특징

해외구매대행 사업을 하면서 상품을 계속 업로드하다 보면 유입은 많이 되지만 판매는 이루어지지 않는 상품들을 보게 됩니다.

이러한 상품의 가장 큰 원인은 상세페이지에 있습니다. 이 책의 내용대로 상품을 등록했다면 더욱더 그럴 것입니다. 여러분들의 상세페이지는 판매에 특화되어 있는 것이 아닌 상품 노출에 특화되어 있기 때문입니다.

하지만 걱정하지 않아도 괜찮습니다. 이런 상품은 상세페이지만 조금 수정해 주면 판매량이 올라가기 때문입니다.

그렇다면 어떤 상품의 상세페이지를 바꿔야 하고, 어떻게 상세페이지를 바꿔야 하는지에 대해 알아보겠습니다.

상세페이지를 꾸며야 하는 상품

등록된 상품 중 유입 대비 판매량이 저조한 상품들이 상세페이지를 업그레이드해야 하는 대상입니다.

상품 상세페이지의 경우 상품 키워드 노출과 시간 절약에 초점을 맞추다 보니 구매전환에는 약점을 갖고 있습니다. 쉽게 말해, 보기 좋게 꾸민 상세페이지가 아니기 때문에 고객들이 보더라도 바로 구매하고 싶은 욕구가 생기지는 않습니다.

우리가 만든 상세페이지는 노출을 잘 시켜 유입을 유도할 수는 있지만, 구매로 전환되게 하지 못했다는 뜻입니다.

이렇게 세팅한 이유는 앞서 설명했듯, 모든 상세페이지를 구매전환율을 목적으로 꾸민다면 시간이 많이 소요되고 들어오지도 않는 상세페이지에 시간을 쓰는 것보다는 우선 상품의 유입량을 보고 이후에 수정하여 꾸미는 것이 효율적이라 판단했기 때문입니다.

그러면 어떤 데이터를 보고 상세페이지를 꾸밀 상품을 찾아야 할까요?

스마트스토어의 마케팅분석 툴을 활용하는 것입니다.

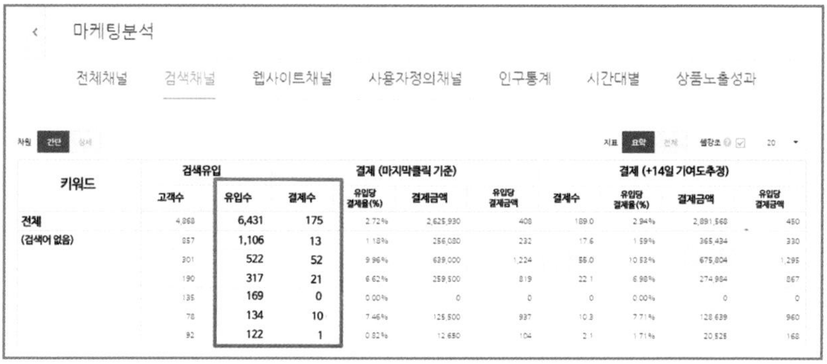

키워드	검색유입			결제 (마지막클릭 기준)			결제 (+14일 기여도추정)			
	고객수	유입수	결제수	유입당 결제율(%)	결제금액	유입당 결제금액	결제수	유입당 결제율(%)	결제금액	유입당 결제금액
전체	4,868	6,431	175	2.72%	2,625,930	408	189.0	2.94%	2,891,568	450
(검색어 없음)	857	1,106	13	1.18%	256,080	232	17.6	1.59%	365,434	330
	301	522	52	9.96%	639,000	1,224	55.0	10.53%	675,804	1,295
	190	317	21	6.62%	259,500	819	22.1	6.98%	274,984	867
	135	169	0	0.00%	0	0	0	0.00%	0	0
	78	134	10	7.46%	125,500	937	10.3	7.71%	128,639	960
	92	122	1	0.82%	12,650	104	2.1	1.71%	20,525	168

스마트스토어센터 마케팅분석 툴 중 검색 채널을 보면 여러분 쇼핑몰에 어떤 키워드로 몇 명이 들어오고 있는지, 또 해당 키워드로 몇 명이 구매했는지 보여주고 있습니다.

여기서 세팅한 키워드들을 확인하면서 유입수는 많은데 실제 결제수가 적은 상품들의 상세페이지를 체크해야 합니다. 그리고 체크된 키워드 상품들의 상세페이지를 꾸며야 하는 것입니다.

상세페이지 꾸미는 방법

상세페이지는 고객들이 사고 싶게 꾸며야 합니다.

그러면 어떠한 상세페이지들이 고객들로 하여금 구매하고 싶게 만들까요? 몇 년간 해외구매대행 상품으로 구매전환율이 높은 상품의 상세페이지 특징들을 모아봤습니다.

- 첫 번째, 상단 3개의 이미지는 가장 호감도가 높은 이미지를 배치합니다.

특별한 의미를 부여하지 않고 상세페이지를 작성하다 보면 이미지 배치에 크게 신경을 쓰지 않을 것입니다. 이미지 배치는 생각보다 구매전환율에 큰 영향을 끼칩니다.

대다수의 사람들은 이미지 3개에서 상품을 구매할지 말지 결정한다고 합니다. 그러니 상세페이지를 꾸밀 때 위에서 3개의 이미지는 반드시 가장 상품이 매력적으로 보이는 이미지를 배치하길 바랍니다.

- 두 번째, 보기 불편한 외국어가 없어야 합니다.

해외구매대행 상품을 업로드하다 보면 어쩔 수 없이 외국어가 들어가게 됩니다. 특히 구매대행 제품은 사진 속에 중국어가 많은데 이런 사진을 그대로 올리게 되면 소비자로 하여금 거부감이 들 수가 있고 실제로 이런 상세페이지를 보면 구매전환율이 다른 상품에 비해 확연히 낮은 것을 확인할 수 있었습니다.

스마트스토어 스마트에디션을 통한 외국어 삭제

업로드한 이미지를 더블 클릭하면 이미지 조정화면이 나옵니다.

그렇기 때문에 구매전환율을 올리기 위해서는 외국어가 보이지 않게 사진을 줄여 수정하거나 포토샵이 가능한 판매자는 포토샵으로 번역 및 수정을 해야 합니다.

- 세 번째, 설명 내용에 신경을 많이 써야 합니다.

즉, 제품의 내용 및 상세한 정보들을 입력하는 것입니다.

크기, 제원, 용량 등 기본 정보 이외에도 누가 사용하면 좋은지 혹은 어떠한 기술력을 갖고 만들어 졌는지와 같은 자세한 정보를 상세페이지에서 작성하면 이러한 정보를 작성하지 않은 다른 스토어보다 구매자가 조금 더 신뢰하고 구매할 수 있도록 도와줍니다.

경험적 혹은 통계적인 방법으로 상세페이지를 꾸미는 세 가지 방법에 대해 알아보았지만 단순히 이 방법만 적용한다고 해서 안 팔리는 상품이 잘 팔리는 '정답'이 되지 않습니다.

그저 조금이라도 더 고객들이 사고 싶게 만드는 것뿐입니다. 그렇기 때문에 이 외에도 시간이 날 때마다 잘 팔리는 상품의 상세페이지들을 구경하고 왜 잘 팔리는지 분석하여 자신의 상품에 적용해 봐야 합니다.

그러다 보면 분명 여러분만의 노하우들이 생겨날 것이고 상품을 잘 팔리게 하는 '정답'을 차츰 알아갈 것입니다.

8-5

주의해야 할 나쁜 방법들(어뷰징)

어뷰징이란 정당하지 않은 방법을 통해 이득을 취하는 행위를 뜻합니다.

스마트스토어에선 상위 노출을 위해 거짓구매(가구매)를 하고, 구매평을 조작하고, 때로는 강제로 찜 수를 늘려 부당한 이득을 취하는 것을 어뷰징이라고 합니다.

저가형 키워드 위주로 상품을 팔다 보면 상품이 판매된 수가 상품 노출에 아주 큰 영향을 끼친다는 것을 직접적으로 느끼게 됩니다. 실제 저가형 키워드의 경우 2~3개만 사도 1페이지 상단에 걸립니다.

그러다 보니 사업을 한두 달 하다 보면 자연스럽게 상품 노출을 위해 몇 개 정도 내가 사면 되지 않을까? 이런 생각으로 이어지게 됩니다.

실제로 이러한 어뷰징을 하는 여러 방법들에 대해 알아보며 어떠한 방법으로 사용하는지 살펴보겠습니다.

이 절의 목적은 독자들의 어뷰징 사용권고가 아닌 시장에서 악용되고 있는 방법들에 대한 정보이니 현재 사용되는 어뷰징에는 이런 것이 있다 정도로만 알고 있으면 좋겠습니다.

구매 및 리뷰 조작

상품 한 개가 팔린 후, 내 상품의 노출 위치를 확인해 보면 팔리기 이전과 이후의 위치가 달라지는 것을 확인할 수 있습니다.

특히 상품수가 2,000 이하의 저가형 키워드의 경우 팔리기 전에 1페이지 하단에 걸리던 것이 1페이지 중간 이상까지 올라가는 것을 경험하게 됩니다.

이러한 이유에서 종종 사람들은 가구매를 진행합니다.

키워드 검색 시 최하단 노출

↓

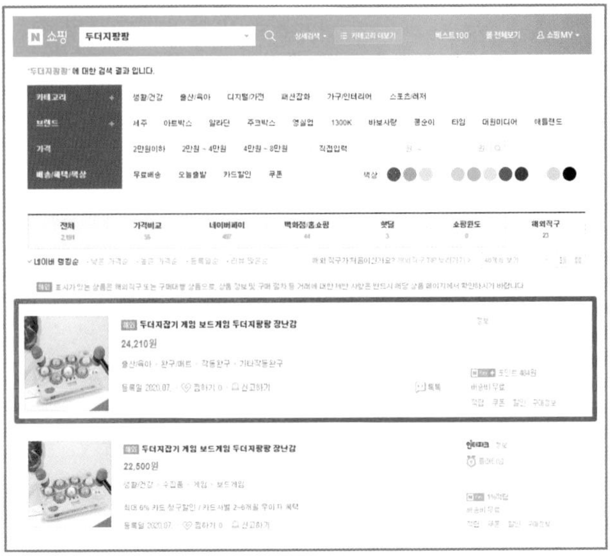

한 개 구매 후 키워드 상단 노출
이후 자작 구매평을 통한 리뷰 수 조작

찜 품앗이

네이버 SEO에 따르면 스토어 찜 수 또한 상품 노출에 영향을 준다고 합니다. 그래서 실제로 찜 수를 사고팔기도 합니다. 이는 절대로 좋은 방법은 아닙니다.

급격히 찜 수가 늘어나면 어뷰징으로 판단하기 때문입니다. 그렇기에 가구매 대비 효율은 떨어집니다.

CHAPTER

9

판매 후 제품 전달 과정

9-1

고객 상품 배송대행지에 작성 및 국내 송장번호 전달하기

상품 판매 후 고객 데이터를 배송대행지에 작성하는 방법과 국내 송장번호를 고객에게 전달하는 방법에 대해 알아보겠습니다.

① 고객 정보 확인하기

고객 정보를 확인하는 방법은 아주 간단합니다.

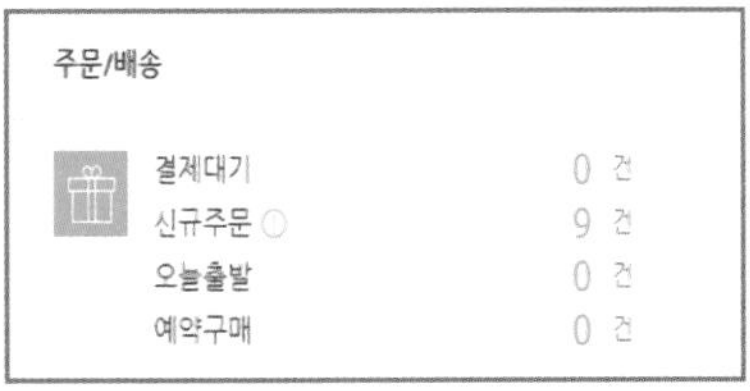

스마트스토어 상단 "주문/배송" 칸에 신규주문을 클릭하면 고객의 이름 및 주소 등 정보가 나옵니다.

이러한 정보들을 엑셀로 다운을 받아 다음과 같이 정리한 후에 고객이 주문한 상품을 구매를 하면 됩니다.

판매처	No	현상태	주문일시	
네이버	4	송장번호작성	1900-01-00 0:00	김
네이버	4	송장번호작성	2020-07-22 0:00	임
네이버	4	송장번호작성	2020-07-22 0:00	이
네이버	3	배대지작성	2020-07-22 0:00	강
네이버	3	배대지작성	2020-07-22 0:00	양
네이버	3	배대지작성	2020-07-22 0:00	방
네이버	3	배대지작성	2020-07-22 0:00	김
네이버	2	타오바오주문	2020-07-22 0:00	이

② 배대지 신청서 작성

신규 주문한 고객데이터를 기반으로 배송대행지 신청서를 작성하는 과정에 대해 알아보겠습니다.

배대지 작성 방법

1. 배송대행지 사이트에 로그인 후 "배송대행 신청하기"를 클릭합니다.

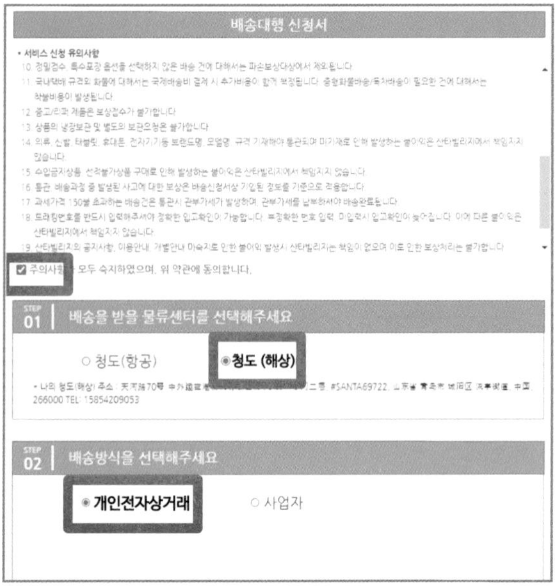

2. 약관 동의 및 배송방식을 선택합니다.

해상으로 진행하기를 권장합니다. 항공에 비해 3,000~4,000원 저렴하여 최대 마진을 위한 방법입니다.

고객을 대신해 직구를 해 주는 것이 판매자의 역할이므로 개인 전자상거래를 선택합니다.

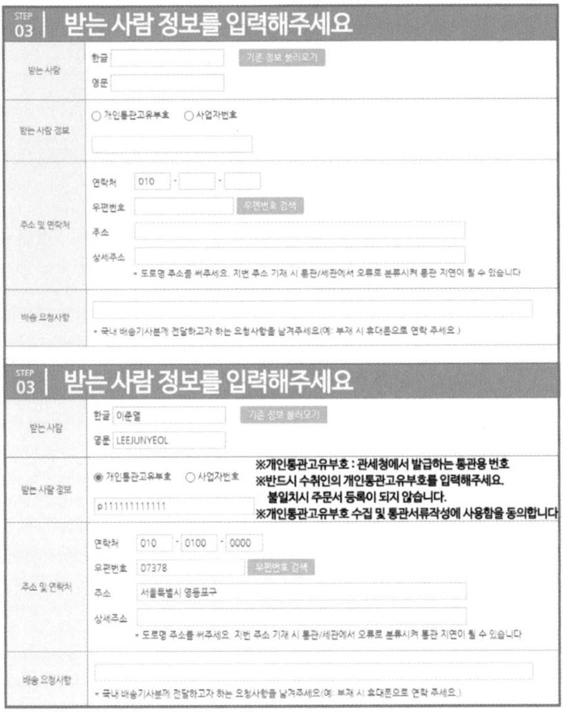

3. 스마트스토어에서 다운로드 받은 엑셀 데이터를 기반으로 고객의 정보를 입력합니다.

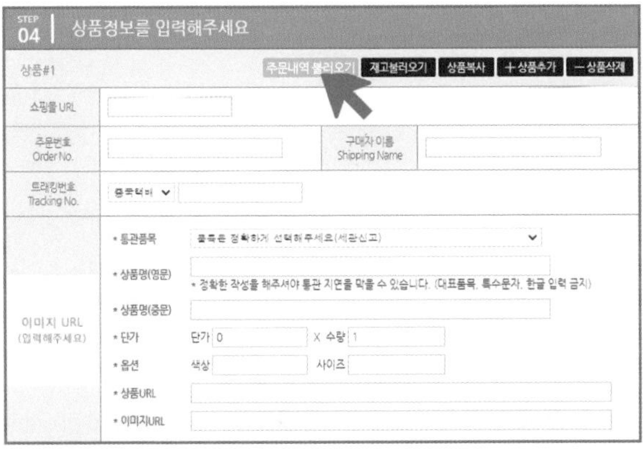

4. 다음은 상품정보를 입력합니다.
"주문내역 불러오기"를 클릭한 이후

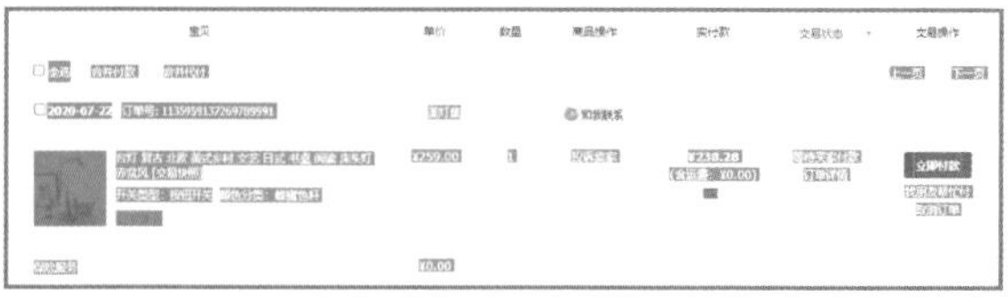

고객 상품을 구매한 내역을 그대로 복사해서(전체 복사(Ctrl + C)) 주문내역 불러오기에 그대로 붙여넣기(Ctrl + V) 합니다.

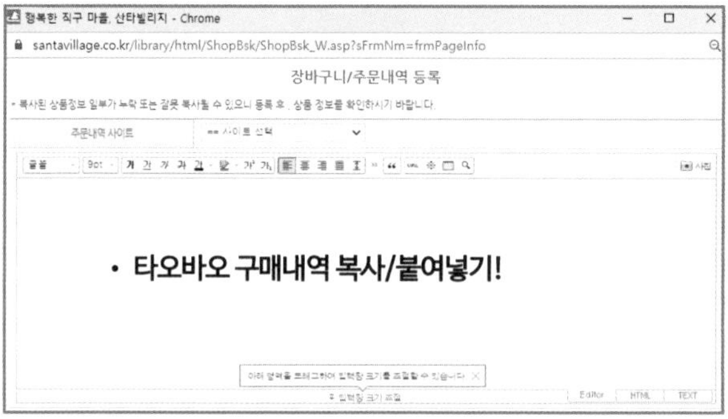

5. 그러면 자동으로 복사한 내역에 맞춰 구매 상품정보가 자동으로 등록

되며 상품의 통관품목 설정 및 상품명을 작성합니다.

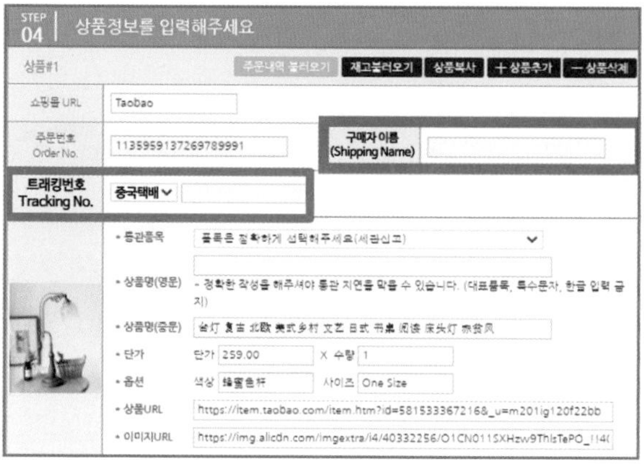

- 구매자 이름: 판매자의 이름을 넣습니다.

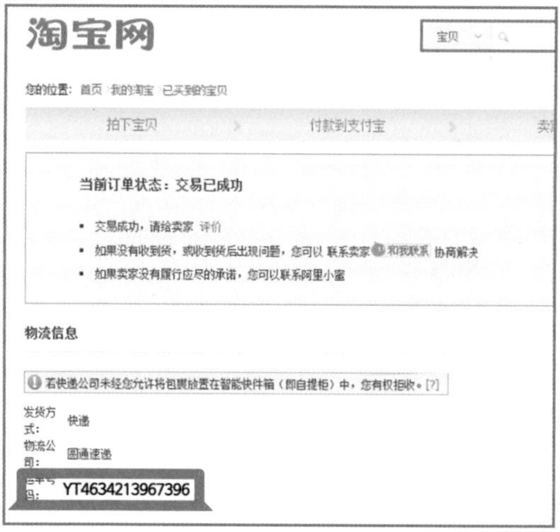

- 트래킹 번호: 타오바오에서 구매한 상품의 “주문 정보 상세보기(订单详情)”에 들어가 송장번호(运单号)를 입력합니다.

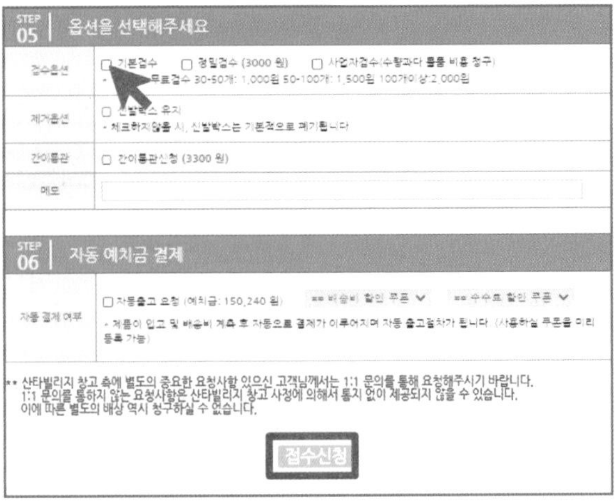

6. 옵션 선택 과정에서 검수는 일반적으로 "기본검수" 처리로 진행하며 접수신청을 완료합니다.

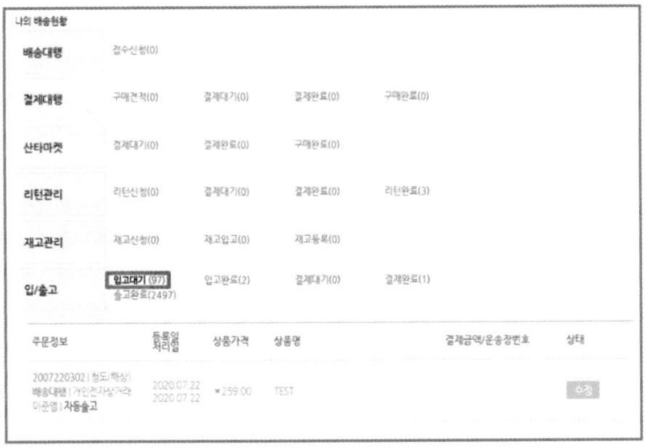

- 작성한 신청서 [입고대기]로 넘어간 모습
    - 입고대기: 해외송장번호 미작성 or 배대지 미도착
    - 입고완료: 상품 배대지 도착
    - 결제대기: 도착한 상품 결제 전

– 결제완료: 결제 완료되어 당일 한국 발송
– 출고대기: 한국 발송 준비 중
– 출고완료: 한국 발송 완료(*국내 송장번호 발행)

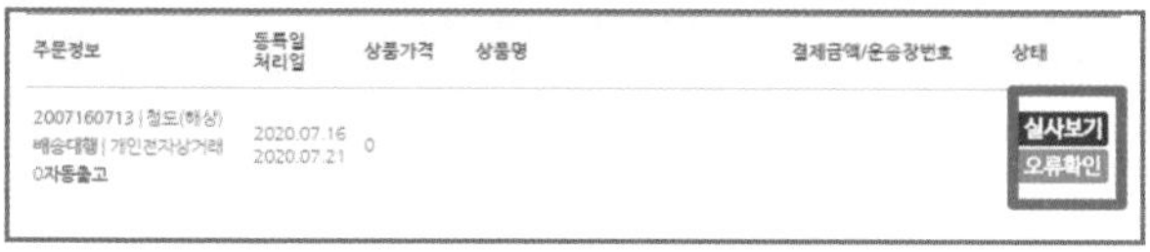

- 배송대행 신청서에 오류가 발생할 때

– 송장 번호 잘못 입력할 경우
– 등록한 상품의 사진과 실제 상품의 모습이 다를 경우

송장 전달 방법

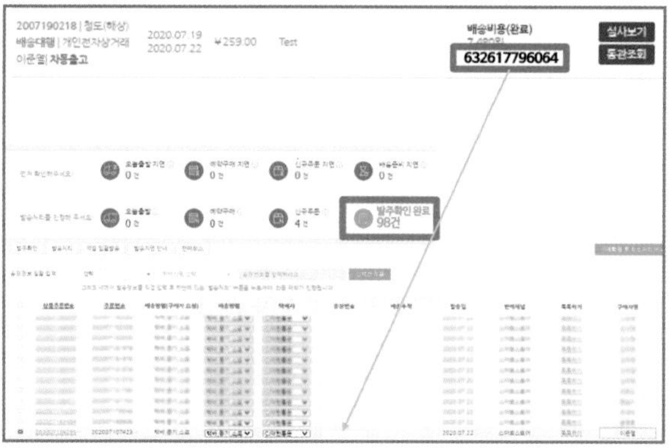

배송대행 신청서의 통관번호가 나오게 되면 스마트스토어 구매자 송장번호를 매칭해서 입력합니다. 다만, 해외배송의 경우 통관번호가 나오더라도 국내 배송 중이 아니기 때문에 바로 조회는 불가합니다.

9-2

매일 해야만 하는 업무 단계

판매된 이후의 해외구매대행 사업 과정들이 간단하지만은 않습니다. 업무가 딱 잘라 상품을 구매하고 전달만 하는 일이 아니기 때문입니다. 그러므로 일하는 과정을 구분하고 단계별로 일을 하는 것이 중요합니다.

① 판매 이후 과정

넘버링	상품 현황
1	배송지연알림
2	타오바오주문
3	배대지작성
4	송장번호작성

구매확인/CS문구 전달 → 고객 상품 결제 → 상품 정보 & 고객 배송정보작성 → 해외 송장 번호 작성 → 파손 여부 확인 및 배송비 결제 → 고객 상품 송장번호 전달

[1– 판매당일] [1– 판매당일] [1– 판매당일] [2– 상품구매 후 1~2일] [3– 트래킹 번호 작성 후 2~3일]

상품이 팔리면 가장 먼저 어떤 상품이 팔렸는지 확인하고 고객에게 CS 문구를 전달합니다. 그리고 바로 해당 상품을 결제하고 상품정보와 고객 배송정보를 배대지에 작성합니다. 이 일들은 모두 판매가 된 당일 이루어지는 일들입니다.

그리고 고객 상품을 구매한 지 하루에서 이틀이 지나 트래킹 번호가 나오게 되면 해당 송장번호를 확인해서 배송대행지에 작성합니다.

이후 2~3일이 지나면 배송대행 비용을 결제합니다. 결제가 완료되면 결제 다음날 한국 송장번호가 나와 해당 송장번호를 고객에게 전달합니다.

이렇게 주문 한 건당 업무하는 일이 최소 6일 정도가 소요됩니다. 부업이라고 사업에 신경을 안 쓰게 되면 상품 처리되는 기간들이 늘어나 고객에게 상품이 늦게 도착하게 됩니다. 그렇게 되면 당연히 쇼핑몰에도 좋지 않은 영향을 끼치게 됩니다.

그렇기 때문에 상품이 판매된 이후에는 주문건에 대해 매일 관리를 해야 합니다.

주문건 엑셀 관리

판매처	No	현상태
네이버	1	배송지연알림
네이버	1	배송지연알림
네이버	2	타오바오주문
네이버	2	타오바오주문
네이버	3	배대지작성
네이버	3	배대지작성
네이버	4	송장번호작성
네이버	4	송장번호작성

해외구매대행 관리 엑셀 파일 내 고객의 주문건을 각각 숫자와 색깔을 통해서 관리하는 방법입니다.

1	**배송지연알림**
1	**배송지연알림**

1번 주황색으로 표시하는 것은 주문건에 대해서 배송지연 알림을 보낸 상태이며, 고객 상품을 구매하지 않았고 배송대행 신청도 하지 않은 상태를 이야기합니다.

- 주문 건에 대해 배송지연 알림은 보낸 상황
- 고객 상품 구매하지 않았음
- 배대지 내 배송신청서 작성하지 않았음

2	**타오바오주문**
2	**타오바오주문**

2번 노란색은 고객 상품을 구매한 이후 배송신청서까지 작성한 것을 의미합니다.

- 고객이 상품 구매하였음
- 배송신청서 작성하였음
- 해외 송장번호 발급하지 않았음

3	배대지작성
3	배대지작성

3번 초록색은 배송대행 신청서에 해외 송장번호를 입력하고 배송 대행 비용을 지불하면 초록색으로 표시합니다.

- 고객 상품 구매하였음
- 배대지의 배송신청서 작성하였음
- 해외 송장번호 발급됨
- 배대지에 상품 도착 시 배송비 결제

4	송장번호작성
4	송장번호작성

4번 파란색은 배송대행지에서 발급된 송장번호가 고객에게 전달되면 마지막 파란색으로 표시합니다.

CHAPTER

10

제품 전달 후 CS 처리 방법

10-1

각 단계별 취소 처리 방법

제품 판매 후 발생하는 이슈들을 해결하는 방법에 관하여 알려드리겠습니다.

반품이나 교환, 상품 취소 없이 판매만 할 수 있다면 얼마나 좋을까요?

하지만 현실은 그렇지 않습니다. 고객들은 배송기간을 이유로 번번이 구매 취소를 요청합니다. 그런데 상품 구매 취소도 아니고 취소 요청은 무엇일까요?

해외구매대행 상품은 독특하게도 판매자가 구매자에게 배송지연 알림을 보내고 나면 고객들은 구매 취소를 하고 싶어도 마음대로 취소할 수 없습니다.

판매자인 우리에게 허락을 받아야만 상품 구매 취소가 가능하게 되어 있는데요. 이런 시스템이 구축된 이유는 판매자 재정을 보호하기 위해서입니다.

만약 해외구매대행 사업자들이 해외에서 상품을 구매가 이루어진 상황에서 고객 마음대로 취소하게 된다면 그 구매에 대한 손해를 전부 사업자가 감당해야 하기 때문에 이런 시스템이 장착되게 된 것입니다.

① 해외 배송 전 처리 방법

해외에서 구매한 물건이 배송도 되기 전에 취소가 나왔을 경우입니다.

흔히 발생하는 구간은 아니며 이 과정에선 손해 볼 게 없기 때문에 먼저 타오바오 상품을 주문 취소하고 나서 고객의 주문 취소를 확인하면 됩니다.

타오바오 상품 환불 방법

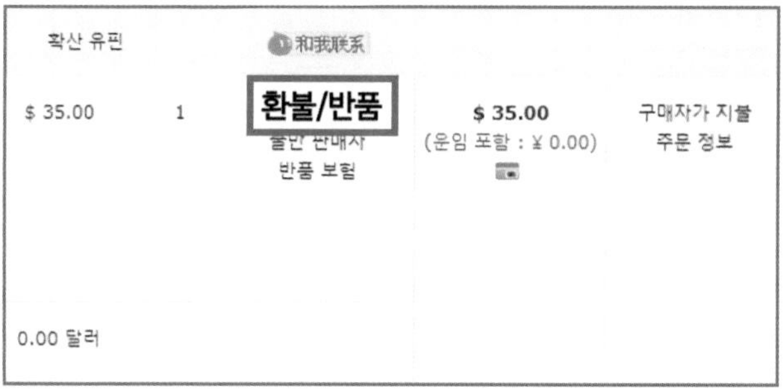

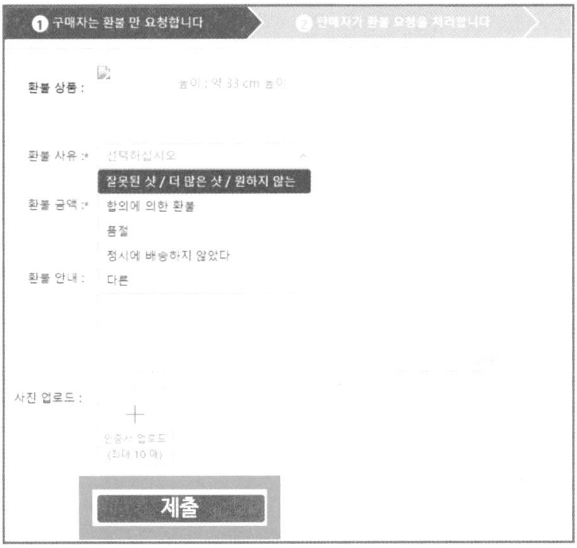

② 해외 판매처에서 배송한 후 취소 요청

해외배송이 시작된 후 취소 요청이 왔을 때 방법입니다. 이 과정부터는 고객이나 판매자 모두 손해를 받을 수 있기 때문에 고객을 설득시키는 방법이 가장 좋습니다. 보통 톡톡이나 문자로 연락을 하게 되는데, 해외배송이 시작이 되었다는 문구와 함께 취소를 하려면 배송 반품비가 든다는 내용이 포함되어야 합니다.

예시) 안녕하세요. [○○쇼핑몰]입니다.
다름이 아니라 고객님께서 구매 취소 요청을 한 것으로 확인되어 연락드립니다.
주문해 주신 상품은 이미 현지에서 구매가 완료되어 해외 배송 중에 있어 취소를 하게 될 경우 5,000원의 환불 비용이 발생합니다. 취소 요청건에 대하여 어떻게 처리하실지 답변주시면 맞춰서 최대한 빠르게 진행하겠습니다. 감사합니다.

이후 고객의 요구에 맞춰 진행하면 되는데 그대로 환불을 원할 경우에는 다음과 같이 처리하면 됩니다.

1. 실제로 환불을 진행
   ⇒ 배송대행지 1:1 문의를 통해 해외배송 반품처리(비용 발생)
2. 새롭게 판매된 구매자에게 전달
   ⇒ 배송대행지 내 상품 한 달간 보관 무료. 해외 송장번호를 새로운 구매자에게 입력하면 됨(비용 발생하지 않음)

③ 국내 도착 후 취소 요청

국내에 상품이 도착한 이후 취소 요청이 발생할 때의 경우입니다. 이 역시도 가장 좋은 방법은 고객을 설득하는 것입니다.

국내로 들어온 상품을 사실상 해외로 반송하기가 어렵고 번거롭기 때문에 취소가 되면 잉여 재고로 남게 됩니다.

그렇기 때문에 판매자 책임사유가 아니라면 구매자에게 지정해 두었던 왕복 배송비를 요구하고(약 20,000~30,000원) 상품 취소를 진행하면 됩니다.

셀 수 없이 많은 상품을 팔아 보았지만, 실제로 왕복 배송비를 결제하고 환불을 진행한 경우는 2건 정도밖에 되지 않았으며 거의 다 고객과 대화를 통해 해결하였습니다.

취소 발생 시 고객과 대화하는 방법을 예시로 보여드리겠습니다.

고객 응대 예시1

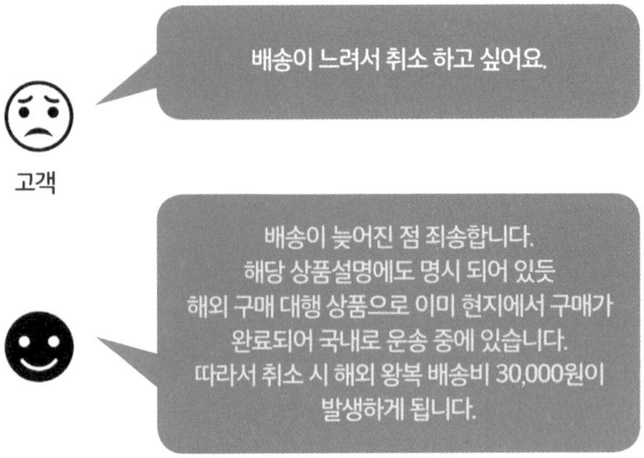
배송이 느려서 취소 하고 싶어요.
고객
배송이 늦어진 점 죄송합니다.
해당 상품설명에도 명시 되어 있듯
해외 구매 대행 상품으로 이미 현지에서 구매가
완료되어 국내로 운송 중에 있습니다.
따라서 취소 시 해외 왕복 배송비 30,000원이
발생하게 됩니다.

거의 90%는 이런 이유로 취소 요청을 합니다. 특별한 이유 없이 배송이 늦어진 것이 아니라면 사과 멘트와 함께 반품배송비 안내를 해 주는 것이 좋습니다.

고객 응대 예시2

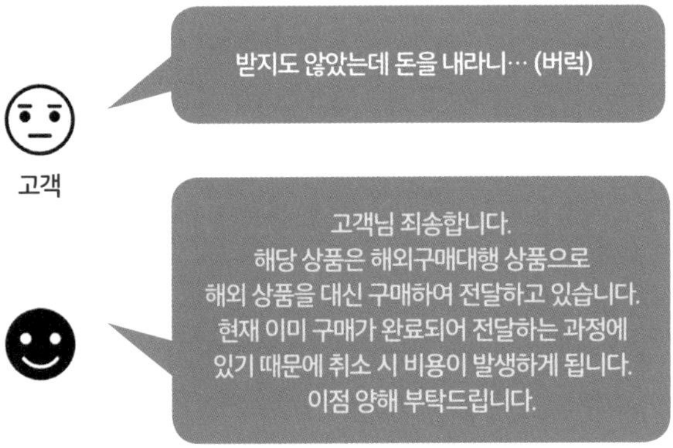
받지도 않았는데 돈을 내라니… (버럭)
고객
고객님 죄송합니다.
해당 상품은 해외구매대행 상품으로
해외 상품을 대신 구매하여 전달하고 있습니다.
현재 이미 구매가 완료되어 전달하는 과정에
있기 때문에 취소 시 비용이 발생하게 됩니다.
이점 양해 부탁드립니다.

가끔 비싼 반품배송비로 인해 화를 내는 고객들이 있습니다. 이럴 경우

에는 해외구매대행 사업을 간략히 설명한 후 고객의 요청에 맞춰 진행해 주는 것이 좋습니다.

고객 응대 예시3

XXX (대화가 안통함)
고객
네. 취소 처리 하겠습니다.
(정신 건강에 유리)

있어서는 안 되겠지만 최악의 경우입니다. 말이 안 통하는 사람인데요.

톡톡이나 문자, 전화로 계속 설명을 해 줘도 막무가내식으로 나온다면 경험상 그냥 취소 처리해 주는 것을 추천합니다.

이런 경우가 자주 있지는 않지만 정신 건강에 해롭기 때문에 시간도 아끼고 취소 처리하는 것이 더 좋습니다. 여러분의 정신 건강이 그 무엇보다 소중하니까요.

10-2

반품/교환 처리 방법

여기까지 오는 과정에서 아직도 해외구매대행 사업이 리스크가 없는 사업이라고 생각하나요?

팔린 만큼 사서 전달해 주니 위험이 없다고 느껴지나요?

정확히 이야기하면 해외구매대행은 리스크 없는 사업이 아닙니다. 이유는 반품/교환 때문입니다. 반품과 교환이 발생한다면 어쩔 수 없이 금전적으로 손해가 발생합니다.

금전적 손해를 주는 반품/교환을 어떻게 해결해야 하는지 알아보겠습니다.

① 반품/교환 처리 방법

고객에게 연락하여 반품/교환 원인을 파악합니다. 이후 상품 문제 부분 사진 및 영상으로 증거 전달 요청을 하고 받은 영상 및 사진을 해외 판매자에게 보내서 상품 재전달을 요청합니다.

이후 확인된 반품/교환건은 수락해서 진행하고 문제의 상품은 착불로 배송을 요청하여 해결합니다.

반품 및 교환의 90% 이상은 상품하자가 원인입니다. 반품 및 교환 요청이 발생할 경우 바로 고객에게 연락을 취하는 것이 좋습니다. 처리가 늦어지면 쇼핑몰이 페널티를 받기 때문입니다.

항목	상세기준	페널티 부여일	점수
반품 처리지연	수거 완료일로부터 3영업일 이상 경과	수거완료일+4영업일에 부여	1점
교환 처리지연	수거 완료일로부터 3영업일 이상 경과	수거완료일+4영업일에 부여	1점

② 부분 파손 상품 처리 방법

머그 세트 같은 상품을 판매하다 보면 부분 파손이 발생합니다. 우선 부분 파손 환불이 가능한 상품에는 항상 상세페이지 하단에 '부분 파손 시 파손된 상품만 환불해드립니다.'와 같은 부분 파손에 대한 안내를 하는 것이 좋습니다. 이후 부분 파손이 되었을 경우 부분 파손된 값만 고객에게 계좌이체로 전달하면 됩니다.

4개의 머그컵 세트 중 한 개가 파손되었다면 상품가격 1/4의 값을 돌려줍니다.

반품과 교환은 비용이 발생하기 때문에 반품 및 교환이 발생하는 상품이 자주 나온다면 그 상품은 판매를 중지하는 것도 좋은 선택입니다.

또한 여러분들이 경험이 많이 쌓이다 보면 반품/교환이 덜 발생하는 상품들이 보일 텐데요. 이런 상품 위주로 판매해야 손실도 줄이고 고객응대도 줄어들게 되니 상품 소싱을 할 때 이런 부분까지 참고해서 진행하는 것이 좋습니다.

10-3

문의/후기 처리 방법

여러분들은 상품을 구매할 때 가격 다음으로 확인하는 것이 무엇인가요?

아마 대다수의 사람들이 상품 후기를 그 다음으로 확인할 것입니다. 구매자들의 상품에 대한 실제 생각과 느낀 점을 보기 위해서입니다.

이 외에도 상품 문의글을 확인하기도 하는데요. 과거 문의글들을 통해서 구매하려고 하는 상품이 문제가 있는지, 판매자는 믿을 수 있는지 등에 대해 과거의 문의글 대응을 통해 확인을 하기 위해서입니다.

실제 상품 문의 대응을 잘 못하거나 후기대응을 적절하게 하지 않으면 구매전환이 낮아 상품판매에 영향을 끼치기 때문에 이러한 이유에서 판매자는 후기 글과 상품 문의글을 잘 관리해야 합니다.

그렇다면 상품 문의와 구매후기는 어떻게 관리해야 하는 것이 좋을까요?

① 상품 문의 대응

상품 문의는 예비 고객들이 보는 글이기 때문에 보다 전문적으로 답변하여 신뢰도를 높이는 것이 좋습니다.

예시)

- **나쁜 대답**

"차망 없습니다", "알아보고 답변 드리겠습니다"

- **좋은 대답**

안녕하세요. ○○쇼핑몰입니다. 해당 상품은 차망 미포함 상품이며, 이 외에 더 궁금하신 점은 톡톡을 통해 문의 남겨주시면 답변 도와드리겠습니다.

감사합니다 ^^

TIP!

1. 형식은 회사 내 메일링 하듯 답변할 것
2. 상품에 대해 잘 모를 경우 타오바오 판매자에게 톡톡으로 연락드리겠다는 문구 전달
3. 잠김글이 아닌 모두가 볼 수 있는 글에는 더 신중하게 작성

② 리뷰 관리

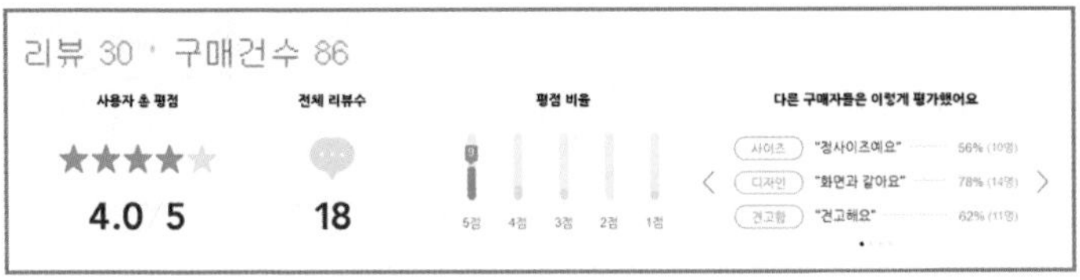

- 리뷰가 생기면 구매전환율이 올라감
- 리뷰 한 개가 생기면 앞으로도 꾸준히 팔릴 확률 UP!
- 리뷰는 최신순으로 노출됨

리뷰는 구매전환에 가장 큰 영향을 끼치는 요소입니다. 좋은 리뷰가 달린 상품은 앞으로도 계속 팔린다고 봐도 될 정도로 상품 판매에 끼치는 영향은 매우 큽니다.

스마트스토어 내 문의/리뷰 관리에서 리뷰 관리를 클릭하면 내 스토어에 올라온 리뷰들을 한번에 볼 수 있고, 해당 리뷰들을 클릭하면 리뷰에 대한 답변을 할 수 있습니다.

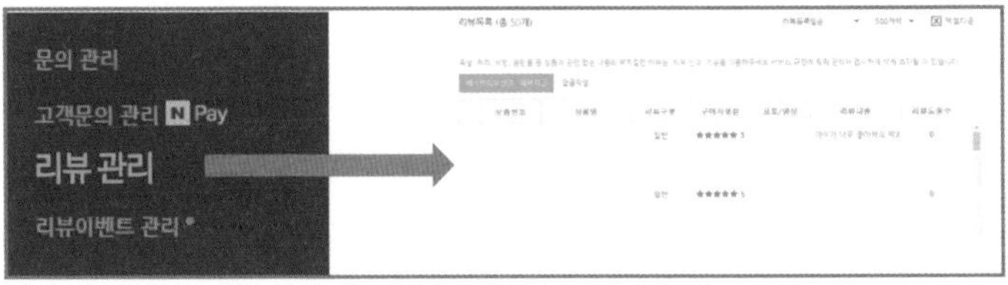

초반에 리뷰가 많이 쌓이지 않을 때는 모든 리뷰에 답변하는 것이 가장 좋으며, 문의 답글과 마찬가지로 최대한 형식적인 문구를 사용하는 것이 좋습니다.

포토리뷰가 생겼다면 해당 리뷰는 베스트 리뷰로 선정해서 가장 노출이 잘되게 하는 방법도 리뷰 관리의 하나의 팁이 됩니다.

그런데 상품을 팔다 보면 좋은 리뷰만 작성되지는 않습니다. 종종 나쁜 리뷰들이 작성되기도 합니다. 이때 대응을 잘못하면 판매량에도 안 좋은 영향을 끼치게 됩니다.

경험상 잘 팔리던 상품들이 갑작스럽게 판매량이 떨어진 이유 중 하나가 거의 리뷰 대응을 못했을 때입니다.

그렇다면 나쁜 리뷰가 발생했을 때는 어떻게 대처하는 것이 좋을까요?

다른 고객들도 해당 글을 읽을 수 있다는 점을 감안해서 최대한 “죄송하다”, “배송 과정에서 발생한 문제다”, “문제발생에 대한 보상을 해드리겠다”와 같이 상품 문제에 대한 사과와 함께 보상을 약속하는 글을 작성하는 것이 좋습니다.

그리고 만약 첫 판매부터 안 좋은 리뷰가 생겼을 경우에는 해당 상품을 다시 업로드하는 것이 더 좋습니다. 안 좋은 리뷰가 처음부터 생기게 되면 그 상품은 이후 판매가 이루어질 가능성이 현저히 낮아지기 때문입니다.

마지막으로 문의글과 후기 답변은 작성한 사람과 대화한다는 생각으로 글을 작성하는 것이 아니라 잠재고객들이 해당 글을 본다는 점을 인지하고 작성해야 한다는 것입니다.

처음 쇼핑몰을 운영하는 판매자가 많이 실수하는 부분인 만큼 이 부분은 감안해서 고객 응대에 실수하지 말고 잘 대응하기를 바랍니다.

10-4

다양한 셀러들의 CS팁들

CS에 시간을 줄이는 팁을 알려드립니다.

① 사업자용 전화번호 만들기

부업으로 시작하는 판매자의 경우 전화번호를 나눠두지 않으면 스트레스를 많이 받게 됩니다. 매번 모르는 전화가 올 때면 고객에게 걸려 온 줄 알고 긴장해서 받아야 합니다.

하지만 번호를 한 개 더 만들어 놓으면 사업자 전화번호로 전화가 오는 것은 해외구매대행 관련한 번호이기 때문에 본업이 바쁠 때는 추후로 미룰 수 있게 됩니다.

선택해서 대응할 수 있다는 요령이 생기게 됩니다.

3–5절에서 '네이버 모두'를 활용하여 050 번호를 발급 받을 것을 추천하였지만 본업이 바쁘고 집에 여분의 휴대전화가 있다면 공기계를 선불폰으

로 가입하여 전화를 받는 용도로만 활용하는 것을 추천합니다.

- 스마트스토어 전용 사업자 번호 발급
- 네이버 모두에서 050 번호 발급 무료
- 공기계 활용, 선불폰 등록 추천
- 폰이 나눠져 있을 경우 선택적으로 신경을 쓸 수 있음

② 판매가 잘되는 상품일 경우, CS템플릿 제작

쇼핑몰을 운영하다 보면 고객들의 질문이 비슷하다는 것을 느낄 것입니다.

"언제 배송되는지?", "왜 이렇게 배송이 느린 것인지?"와 같은 배송에 대한 질문이 가장 많습니다.

이렇게 같은 질문들이 반복되면 답변을 따로 만들어서 저장하는 것이 좋습니다. CS관리가 매우 편리해지고 매번 생각해서 글을 작성하는 수고를 들이지 않아도 됩니다. 그래서 상품별로 답변을 만들어 고객문의에 대응하면 스트레스 받을 일이 줄어듭니다.

- 쇼핑몰 운영 시 문의글은 대다수 같은 질문(해외구매대행의 경우 배송 질문이 대부분)
- 상품별 같은 질문이 반복되었을 때, 해당 답변 내용 문서화할 것
- 같은 질문이 발생 시 문서화한 답변으로 대응

③ 첫 판매 시 교환/반품 상품은 내리기

상품 첫 판매부터 교환/반품 요청이 왔을 때 해당 상품을 내리는 것입니다.

부업으로 사업하는 지인이 활용하는 방법으로 처음으로 판매가 된 상품이 교환/반품 요청이 오면 그 상품은 판매를 중단합니다. 돈을 적게 벌고 교환/반품에 신경을 안 쓰겠다는 의미입니다.

해외구매대행 사업 특성상 좋은 상품인지 나쁜 상품인지 모르고 상품을 전달하다 보니 종종 나쁜 상품을 전달하기도 합니다. 전업이 아닌 부업으로 구매대행을 하는 경우 교환/환불에 신경 쓸 여유가 없기 때문에 처음 상품이 판매된 이후 교환 및 반품이 된 경우나 안 좋은 문의가 많은 상품의 경우 판매를 안 하는 것을 권합니다.

- 부업으로 하는 판매자에게 추천하는 방법
- 해외구매대행 특성상 나쁜 상품을 전달하게 됨
- 나쁜 상품은 문의가 많음
- 많이 팔리더라도 문의가 많으면 효율이 나지 않음

지금까지의 방법은 노하우일 뿐 정답이 아닙니다.

그러니 내가 해 보기에 괜찮다 생각이 드는 것만 습득하길 바랍니다.

자주 하는 질문

Q1 구매 취소 요청 시, 해외 배송비를 안 준다고 하면 어떻게 하나요?

A 구매 취소 요청을 했는데 배송비를 안 준다고 하면 해당 상품 취소를 승인해 주지 않으면 됩니다. 물론 그런다고 해결되는 문제는 아니니 고객과 대화를 통해서 원만하게 해결해야 합니다.

경험상 환불 배송비를 요구할 경우 문제없이 지급 받았으며 국내에 상품이 오지 않은 상황이라면 배송비 없이 취소가 돼도 크게 손해 볼 게 없기 때문에 이와 관련해서 스트레스 받는 것을 원치 않으면 그냥 취소 처리하는 것을 추천합니다.

Q2 교환요청 시 마진이 없더라도 교환을 해 주는 것이 좋은가요?

A 저는 마진이 매우 높은 상품이 아니라면 대부분 교환은 반품으로 처리해 줍니다. 즉, 환불해 준다는 것입니다.

이유는 아무리 판매처에서 공짜로 상품을 다시 보내준다고 해도 배송대행지 비용이 한번 더 들기 때문에 마진이 없는 상품은 환불로 진행하곤 합니다.

교환은 판매로 기록되기 때문에 마진이 많은 상품의 경우 교환하는 것을 추천합니다.

Q3 CS전화를 안 받으면 문제가 생기지 않을까요?

A 시스템적으로 문제가 되지는 않습니다. 다만 고객이 화가 나서 상품리뷰를 나쁘게 쓸 확률이 높아집니다.

그래서 전화를 받지 못하는 상황이라면 문자라도 남겨 나중에 고객이 나쁜 리뷰를 쓰지 않게 하는 것이 좋습니다.

상품 전달 이후 CS 관련 자주 하는 질문에 대하여 답변 드렸습니다.

CS 부분은 여러 판매자가 실제로 상품 판매를 경험하면서 각자만의 방법이 생길 것입니다. 처음부터 고객의 문의에 완벽하게 대처하려는 생각보다는 상황에 따라 유연하게 대처하는 것이 스트레스 받지 않고 사업을 오래 할 수 있는 방법이 될 것입니다.

CHAPTER 11

그 외 마케팅 기법 및 다른 사업으로의 확장

11-1

네이버 키워드 광고 활용

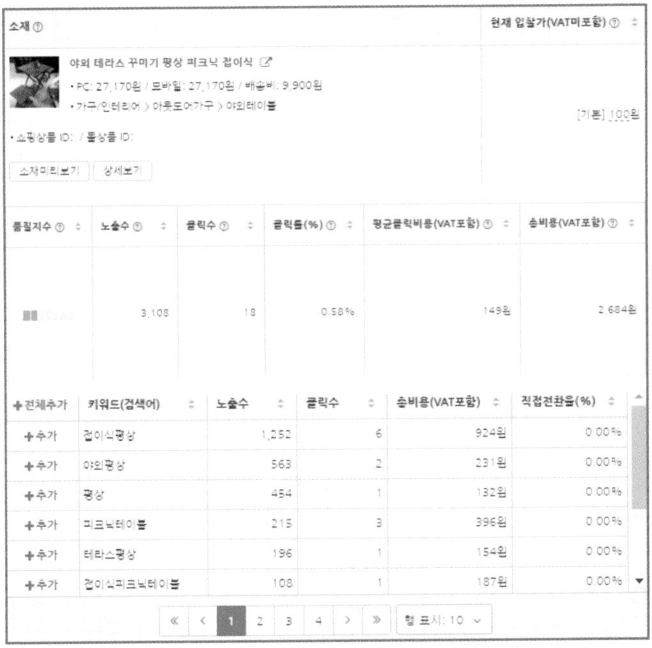

품질지수	노출수	클릭수	클릭률(%)	평균클릭비용(VAT포함)	총비용(VAT포함)
	3,108	18	0.58%	149원	2,684원

+전체추가	키워드(검색어)	노출수	클릭수	총비용(VAT포함)	직접전환율(%)
+추가	접이식평상	1,252	6	924원	0.00%
+추가	야외평상	563	2	231원	0.00%
+추가	평상	454	1	132원	0.00%
+추가	피크닉테이블	215	3	396원	0.00%
+추가	테라스평상	196	1	154원	0.00%
+추가	접이식피크닉테이블	108	1	187원	0.00%

이 자료는 키워드 광고를 진행할 때 나오는 광고 데이터 자료입니다. 여기 보이는 데이터들을 바탕으로 광고가 효율적으로 돌아가는지 판단하고 계속 광고를 이어갈지 혹은 그만둘지 선택합니다.

데이터를 해석하기에 앞서 광고 데이터들을 보는 방법을 알아보겠습니다.

① 광고 데이터 확인 방법

1. 먼저 네이버 광고 사이트에 로그인한 후 "광고시스템"을 클릭합니다.

2. 키워드 광고를 진행하고 있는 "광고 캠페인"을 클릭합니다.

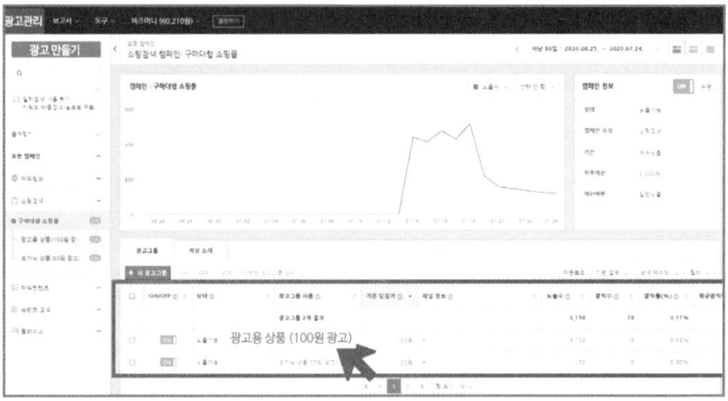

3. 이후 화면에서 캠페인 내에 세팅해 놓은 광고 그룹들의 데이터를 확인할 수 있습니다.

상품의 광고 데이터를 보기 위해서는 보고 싶은 상품이 소속된 그룹을 선택해 줍니다.

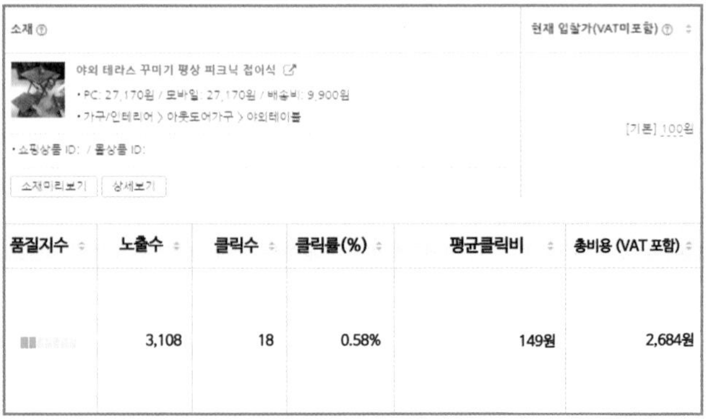

4. 그러면 그룹 내의 모든 광고 소재, 즉 상품들이 보이고 각각의 상품의 광고 데이터를 확인할 수 있습니다.

노출수, 클릭수, 클릭률, 총비용 등 다양한 데이터들이 있습니다. 현재 광고 중인 상품이 어떤 키워드로 진행되고 있는지 확인도 가능합니다.

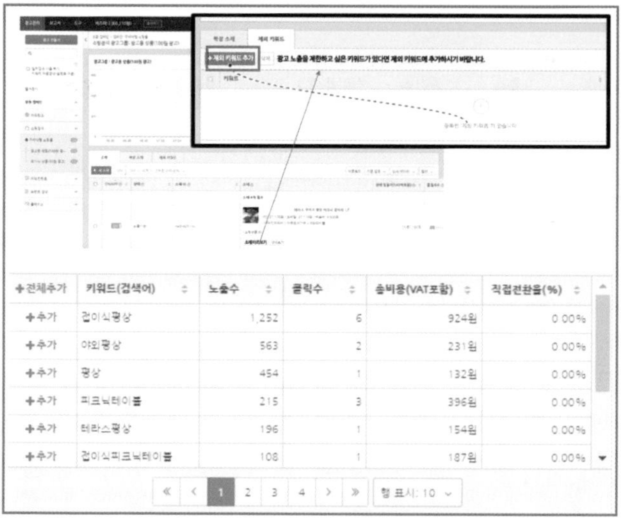

+전체추가	키워드(검색어)	노출수	클릭수	총비용(VAT포함)	직접전환율(%)
+추가	접이식평상	1,252	6	924원	0.00%
+추가	야외평상	563	2	231원	0.00%
+추가	평상	454	1	132원	0.00%
+추가	피크닉테이블	215	3	396원	0.00%
+추가	테라스평상	196	1	154원	0.00%
+추가	접이식피크닉테이블	108	1	187원	0.00%

« ‹ 1 2 3 4 › » 행 표시: 10

5. 상품 키워드 하단에 "상세보기"를 누른 후 "제외키워드 추가"를 클릭합니다. 그러면 해당 상품이 어떤 키워드로 광고가 진행되고 있는지 나옵니다.

진행되고 있는 키워드별로 어느 정도 노출되고 클릭되고 있는지를 비롯하여 결제까지 이어지는 직접 전환율까지 나타납니다.

여기서 만약 상품에 맞지 않는 키워드를 확인하거나 돈만 많이 드는 효율이 낮은 키워드를 확인했을 경우 해당 키워드를 제외할 수도 있습니다.

참고로 상품에 걸리는 키워드는 네이버 AI가 판단하며, 경험상 세팅한 상품명 키워드 및 연관키워드들이 광고 키워드로 잡히는 것으로 판단됩니다.

이해를 돕기 위해 광고 상품의 데이터를 보면서 이 광고 데이터가 의미하는 바에 대해 알아보겠습니다.

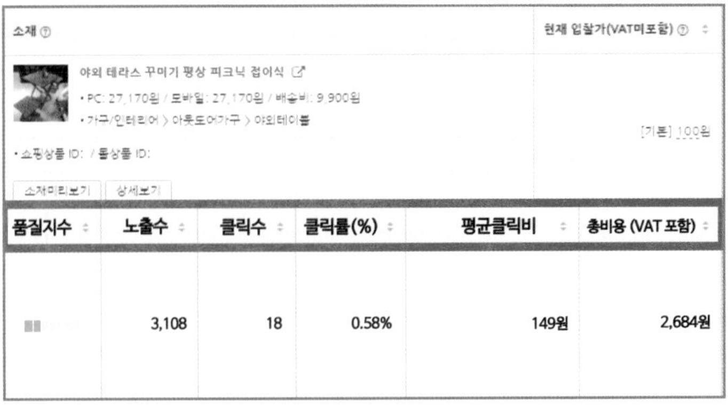

• **노출수**

노출수는 고객이 상품 검색 시 상품 광고가 보인 횟수를 의미합니다.

"노출수가 높다"는 키워드 입찰가를 잘 맞췄다는 의미로서 적절한 비용을 측정해서 많은 고객들에게 내 상품을 노출했다는 것을 의미합니다.

• **클릭수**

클릭수는 고객이 해당 광고를 보고 클릭한 수를 뜻합니다. 더불어 클릭할 때마다 입찰가에 맞춰 돈이 지불됩니다.

클릭수가 많으려면 노출수가 선행적으로 많아야 합니다.

• **클릭률**

클릭률은 노출 대비 클릭에 대한 비율을 이야기합니다.

상품광고가 100명에게 노출되고 1명이 클릭하면 해당 상품광고의 클릭률은 1%입니다. 클릭률이 높다는 것은 고객들이 보고 있는 메인 이미지와 가격이 매력적이라는 의미입니다.

- **평균 클릭비용과 총비용**

해당 상품의 들어간 평균 CPC 비용을 이야기하며 총 비용은 지금까지 진행된 비용을 이야기합니다. 참고로 노출은 무료이고 클릭이 되었을 때 돈이 진행됩니다.

각 데이터마다 무엇을 의미하는지 이해되었다면 이것을 보고 어떻게 활용하면 좋은지에 대한 활용방법을 알아보겠습니다.

1. 노출수가 생각보다 적을 때

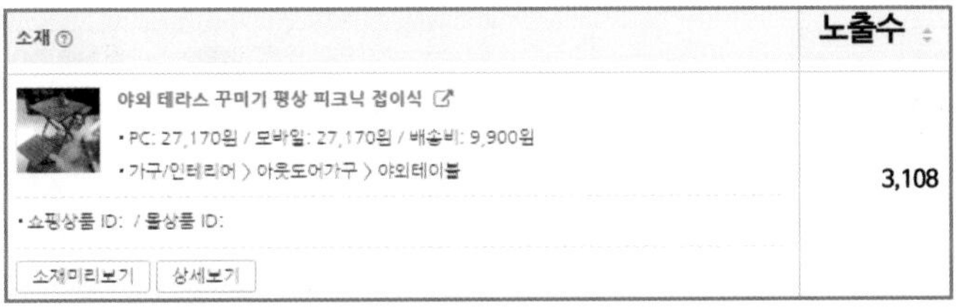

판매자가 생각했던 것보다 광고의 노출수가 잘 나오지 않을 때인데요. 이 원인은 두 가지입니다.

첫 번째 원인은 검색량 자체가 적은 키워드들로 광고가 걸린 것입니다. 이것은 상품명을 판매자가 처음부터 저가형 키워드로 세팅했기 때문에 발생한 것입니다.

두 번째는 광고 입찰가를 낮게 설정했기 때문입니다. 판매자가 검색량이 많은 키워드를 상품명으로 세팅했는데도 노출수가 적을 때의 원인입니다.

그러면 어떻게 노출수를 올릴 수 있을까요?

첫 번째 원인인 검색량 자체가 문제라면 상품명을 바꿔야 하는데 이것은 상품을 찾을 때부터 세팅한 키워드라서 바꿀 수 없습니다. 즉, 검색량이 적은 키워드로 세팅한 상품의 노출수가 적은 것은 당연한 결과입니다.

두 번째 원인으로 검색량이 많은 키워드를 상품명으로 세팅하였는데도 노출이 적다는 것은 광고 입찰가가 맞지 않는다는 의미입니다.

다른 판매자들보다 광고 입찰가가 낮게 설정되어 노출이 다른 판매자들에게 밀린다는 의미입니다. 이때는 광고 입찰가를 더 높여야 합니다. 광고 입찰가를 높이게 된다면 노출수가 늘어나게 됩니다.

2. 클릭수/클릭률이 적을 때

보이는 것처럼 클릭수/클릭률이 낮을 때의 상황입니다. 클릭수와 클릭률이 낮다는 것은 광고 단가를 잘 맞춰서 노출은 잘되지만, 광고로 보이는 상품이 매력적이지 않다는 의미입니다.

보통 클릭률이 1% 이하일 경우에는 클릭률이 낮다고 판단하며, 해당 상품이 메인 이미지와 가격이 고객들에게 어필되지 않아서 발생하게 됩니다.

이때는 상품 상세보기에 들어가서 제외키워드를 추가하고 만약 제외할 키워드가 없을 경우 보다 매력적인 사진으로 메인 이미지를 변경해 주거나 가격을 낮춰야 합니다.

3. 상품 한 개에 진행되는 비용이 많을 때

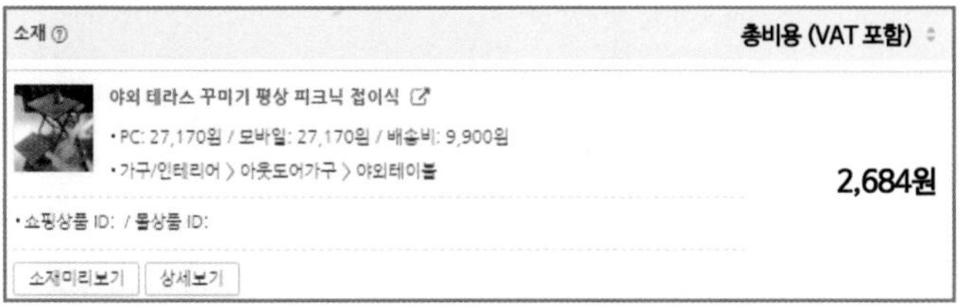

상품 한 개에 진행되는 광고 비용이 많을 때입니다. 해당 상황은 광고가 노출이 잘되고/클릭이 잘되는 상태입니다. 다만, 광고비가 많이 나가는 것은 문제되는 상황은 아닙니다.

문제되는 상황은 광고비는 나가는데 구매전환으로 이루어지지 않을 때가 문제입니다. 이럴 때는 해당 광고를 눌러봐서 제외키워드를 설정해야 하며 상세페이지에도 문제가 있는지 확인하여 수정해야 합니다.

4. 총 광고 예산이 빨리 꺼질 때

총 광고 하루 예산이 빨리 꺼질 때인데요.

하루 예산이 빨리 꺼진다는 것은 광고비로 설정한 하루 예산에 비해 광고로 유입되는 고객이 많다는 의미입니다. 만약 광고를 통해 구매가 많이 이루어지면 광고비를 올려야 합니다.

그런데 광고비를 올릴 수 없는 상황이라면, 여러분들은 구매전환율이 높은 시간 때에만 광고를 진행하여 광고비를 효율적으로 활용해야 합니다.

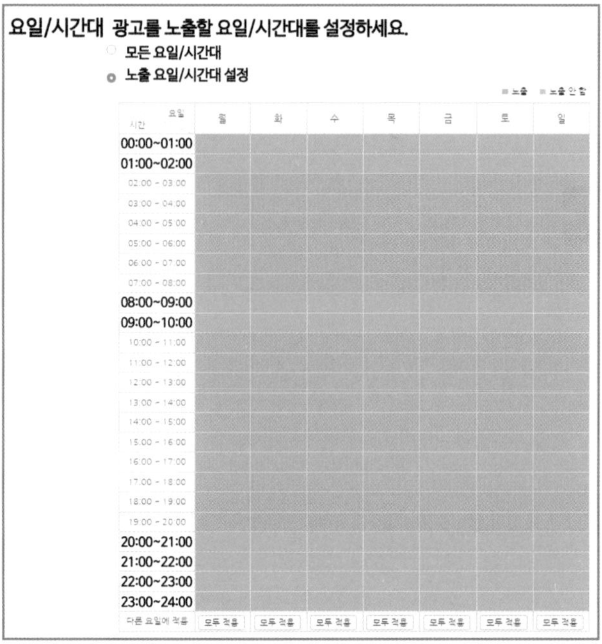

이 자료처럼 네이버광고는 광고 진행 시간을 선택할 수 있습니다.

경험상으로 구매전환율이 가장 높은 시간은 오후 10시~오전 1시. 다음으로는 오후 8시~오후 10시, 오전 8시~오전 10시였습니다.

예산 소진이 빨리 된다면 광고 효율이 높은 시간에만 진행하는 것을 추천합니다.

광고 시간을 선택하는 방법

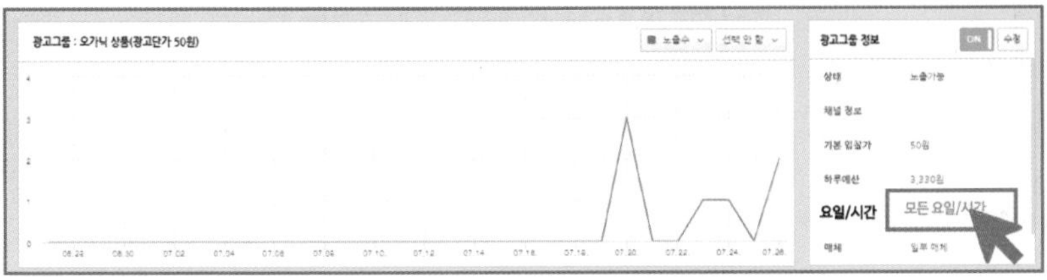

1. 수정하고 싶은 광고 그룹을 선택 후, 광고그룹 정보 수정

2. 광고의 노출 요일/시간대 설정 클릭 후, 원하는 시간 때 설정

광고비를 통해서 판매를 이루는 것은 누구나 할 수 있는 부분입니다. 하지만 광고비를 효율적으로 사용할 수 있는 판매자는 많지 않은데요. 이 장을 참고하여 자신의 쇼핑몰에 접목시켜 효율적으로 광고를 진행할 수 있기를 바랍니다.

11-2

기본적인 SNS 마케팅

기초적인 온라인 사업에서의 SNS 활용 방법입니다.

① SNS의 파워

팔로워 4천의 인스타그램 계정.

제 사업 계정입니다.

요즘은 기본적으로 10만 명의 팔로우 계정들이 많아 4천 명은 사업에 도움도 안 되고, 돈이 될까 싶기도 할 수 있습니다.

그런데 저는 이 계정과 상품 하나로 500만 원의 순익을 냈습니다. 어떻게 가능했을까요?

계정을 보면 계속 인테리어와 관련된 이미지들을 외부에서 수급하여 인테리어에 관심이 있는 사람들을 모았습니다.

네이버 쇼핑 키워드를 배치하듯 해시태그도 달고, 이미지를 수급하려고 DM도 보내고, 계정을 키우려고 노력했습니다.

지금처럼 약 4천 명의 팔로워가 생겼을 때, 소싱한 상품을 게시물을 통해서 계정에 노출하였고, 인스타그램 계정 노출로 인해 실제 구매전환이 약 40개가량 발생했습니다.

40개 판매한 것이 얼마나 대단하나 싶겠지만 상품업로드 초반에 SNS를 통해 40개의 구매가 이루어지다 보니 대형 키워드 검색 시 저의 상품이 2페이지에 노출되었고, 쇼핑 검색을 통해 해당 상품이 꾸준히 팔렸습니다. 그리고 상품 업로드 3주 후 해당 상품은 대형 키워드에서 1페이지에 노출되었고, 그 이후부터는 하루에 5개 이상씩이 판매되었습니다. 많지 않지만 4천 명의 팔로워 계정이 없었다면 불가능했던 경험입니다.

② 외부 트래픽의 중요성

SNS를 포함해 온라인 사업에서의 외부 트래픽은 매우 중요합니다.

쇼핑 검색 외에서 내 상품이 노출되어 판매로 이어지는 것은 단순한 수익 이상의 가치가 있기 때문입니다.

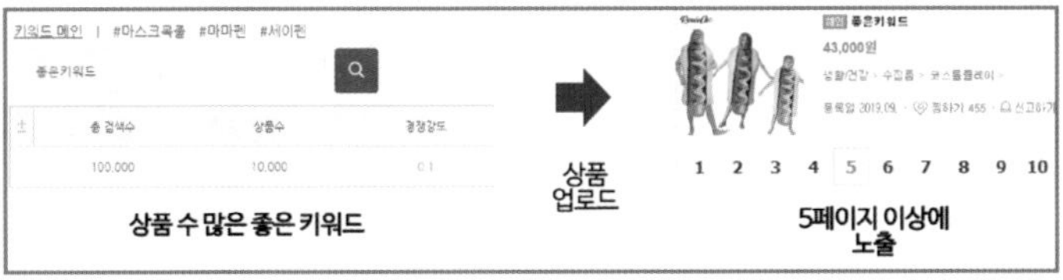

검색수 10만 건, 상품수 1만 건의 키워드가 있다고 가정했을 때, 이 키워드로 상품을 세팅하여 좋은 키워드 검색 시 1페이지 내에 걸릴 수만 있다면 큰 수익을 얻을 수 있습니다.

하지만 이 좋은 키워드로 상품을 업로드할 경우 업로드한 상품이 찾을 수도 없는 곳에 노출될 것입니다. 그러면 헛수고를 한 것이 됩니다. 이럴 때 외부트래픽이 1페이지에 걸릴 수 있게 만들어주는 역할을 하는 것입니다.

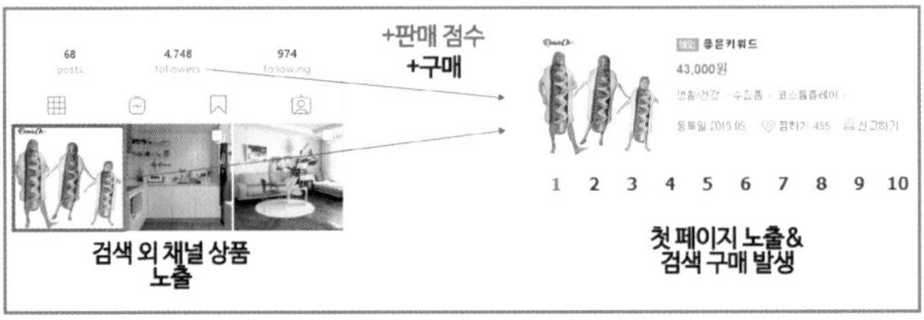

보이는 것처럼 SNS와 같은 쇼핑 검색 외부 채널에 내 상품이 노출되어 판매로 이어진다면 판매점수로 인해 상품키워드 검색 시 상위 노출될 것이고, 상위 노출이 된다면 광고료 소진 없이 쇼핑 검색으로만 계속 판매가 이루어질 것입니다.

더불어 외부트래픽을 발생시킬 페이지가 있으면 그 페이지들을 통해 계속해서 성공하는 상품들을 만들어 내게 됩니다. 대다수의 성공한 판매자는 이런 채널을 한 개 정도는 필수로 갖고 있습니다.

여러분들 또한 온라인 사업을 꾸준히 할 계획이라면 이러한 이유에서 SNS를 반드시 해야 합니다.

③ 온라인 셀러가 바라봐야 하는 SNS

그러면 어떻게 SNS를 시작하고 활용해야 할까요?
먼저 여러분들이 어떤 채널을 이용할지부터 찾아야 합니다.

1. 내 쇼핑몰에 유입시킬 타겟 집단이 이용하는 채널 확인
    - 20~30대: 인스타그램
    - 40대 이상: 네이버 밴드
    - 페이스북은 광고료 없이 계정을 키울 수 없음

2. 타겟 집단이 좋아할 수 있는 계정 생성
    - 이미지를 쉽게 수급할 수 있어야 함
    - 하루에 30분 이상 소요하지 않아야 함

3. 컨셉에 맞는 이미지 수급 후 꾸준히 업로드
    - 매일 꾸준히 최소 3개월 이상 지속하여 업로드해야 함
    - 초반 맞팔로워 작업이 좋음

11-3

판매를 발생시키는 노하우

① 미끼 상품 활용하기

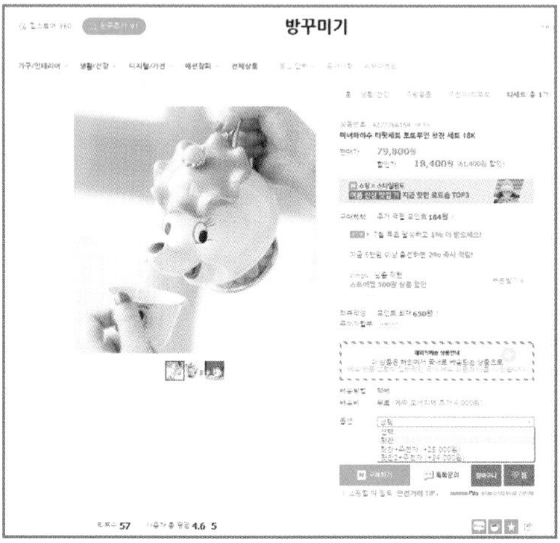

예쁜 찻잔이 있습니다. 구매욕구를 높이는 찻잔입니다. 무료배송에

18,400원이면 싸기까지 합니다.

하지만 보이는 가격은 찻잔만 살 수 있는 가격입니다. 실제 저 찻잔만 팔 경우 마진이 없으며 세트로 판매할 경우 개당 마진이 약 12,000원 정도인데요. 총 400개 이상 판매하였고 2명의 고객을 제외하고는 전부 세트로 구매하였습니다.

그런데 이 예시를 보고 모든 상품을 연관성이 없는 상품으로 메인상품으로 걸면 페널티를 받게 됩니다. 이는 이 상품의 메인 이미지에 작게나마 찻잔이 있었기 때문에 네이버측에서 허가한 것이지, 모든 상품이 허가를 얻을 수 있는 것이 아닙니다.

만약 찻잔 부분이 메인 이미지에 없었다면 해당 상품은 제재를 받았을 것입니다. 미끼 상품을 이용해 판매하고자 할 때 이점을 꼭 참고하길 바랍니다.

다음 미끼 상품의 또다른 예시입니다.

인기가 없는 색상을 메인가격으로 올려두는 방법입니다.

이미지는 화이트 색상의 상품을 메인 이미지로 선정하고 가격은 인기가 없는 스트라이프 색상을 기준으로 잡아 스트라이프 색상의 마진은 3,000원, 다른 색상은 8,000원으로 책정하여 각 상품들의 구매가격은 같지만 색상을 차별화해 판매가격을 달리하는 방법입니다.

메인 이미지를 보고 화이트색상을 구매하려면 5,000원의 추가 비용을 내야 합니다. 상품 리뷰수를 보면 알겠지만 그럼에도 예쁘면 고객들은 구매를 합니다. 5,000원의 적은 추가비용도 한몫한 셈이고요.

상품을 소싱하다가 옵션을 걸 수 있는 상품이 있으면 잘 안 팔릴 것 같은 상품 혹은 사이즈가 작은 상품을 메인으로 걸어서 고객들이 보기에는 해당 상품이 싸게 보이게 하는 것이 좋습니다.

속임수처럼 보일 수 있으나 해당 방법은 수익을 낼 수 있는 방법이므로 여러분들도 활용해 보는 것을 추천합니다.

- 메인 이미지와 다른 상품을 메인 상품으로 걸 수 없음
- 사이즈와 색상은 상관없음
- 조금이라도 메인 이미지에 노출되어야 메인 상품으로 가능

② 새끼 상품 활용하기

이 방법은 잘 팔리는 상품이 생겼을 때 활용하는 방법입니다. 잘 팔리는 상품과 함께 살만한 상품을 업로드하여 상세페이지에 거는 방법으로 잘 팔리는 상품을 광고판으로 활용하는 것입니다.

잘 팔리는 상품의 경우 고객들에게 노출이 잘되고 있다는 것을 의미합니다. 노출이 잘되고 있는 상품에 보기처럼 URL을 심어서 같이 부스팅을 받습니다.

과거에 판매했던 상품을 예시로 보겠습니다.

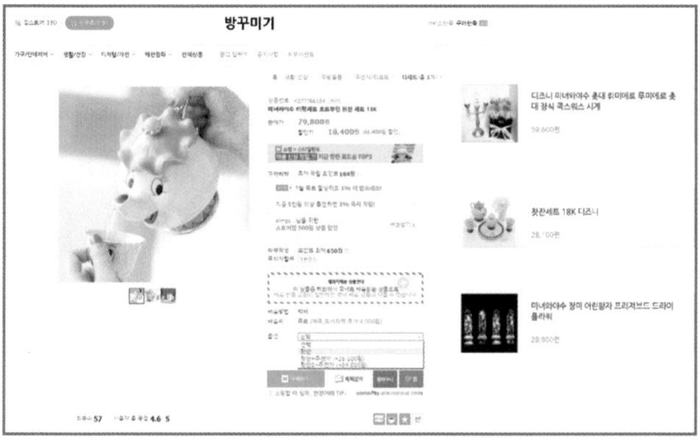

가장 인기가 많았던 상품인데요. 이 상세페이지에 미녀와야수 촛대, 미녀와야수 시계의 URL을 첨부하여 넣어서 함께 팔아 큰 이익을 창출할 수 있었습니다.

촛대 같은 경우 1주일 동안 약 80만 원 이상 판매될 정도로 티팟 세트의 덕을 크게 보기도 했습니다.

쇼핑몰을 운영하다가 잘 팔리는 상품이 하나 나오면 해당 상품에 어울릴 만한 상품을 업로드하고 그 상품 상세페이지에 URL을 심어 함께 판매를 이루면 더 높은 매출을 발생시킬 수 있습니다.

끝으로 해당 방법은 브랜딩을 하지 않는 해외구매대행 사업이기에 가능

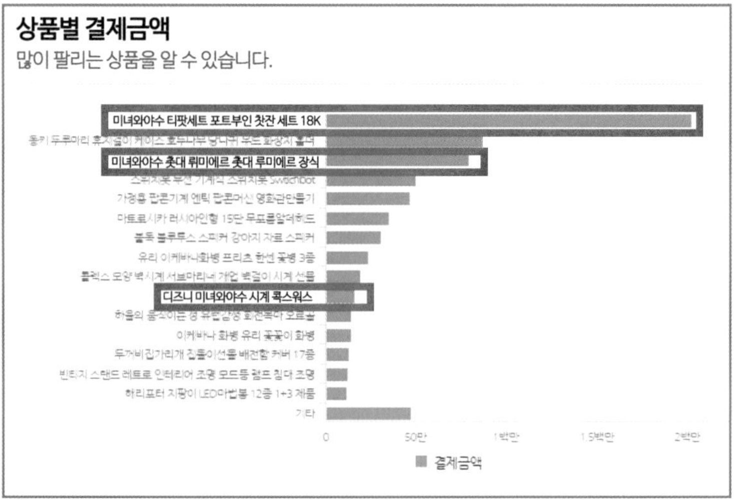

1주일간 결제 금액

한 방법입니다.

옵션으로 트러블을 발생시키면 안 좋게 생각하는 고객들이 생길 수 있고 쇼핑몰 이미지가 나빠지는 단점이 있습니다.

하지만 매출을 최우선으로 생각하는 판매자의 경우 이런 단점들을 굳이 염두에 둘 필요 없이 다양한 방법으로 판매하는 것을 권합니다.

11-4

해외구매대행 사업의 확장

	1개	10개	100개	500개
해외구매대행	5분	30분	200분	800분
병행수입	2분	5분	20분	40분

해외구매대행의 가장 큰 단점은 시간을 많이 소비하는 것입니다. 판매량이 늘어남에 따라 투입되는 시간이 비례하기 때문입니다.

다른 사업의 경우 시스템을 갖추는 단계가 지나 구축이 된다면 판매량 혹은 매출액이 늘어남에 따라 투입되어야 하는 시간이 매출이 별로 생기지 않을 때와 크게 차이가 나지 않습니다.

병행수입을 예로 들어보겠습니다.

처음 상품을 수입해 상세페이지를 만들고 판매할 상품을 포장하는 데는 시간이 들지만, 판매가 시작되면 10개가 팔리든 100개가 팔리든 투여되는 시간은 많이 차이 나지 않게 됩니다.

이렇듯 조금 더 높은 마진과 효율을 위해 사업을 확장시키고 싶다면 해외구매대행 사업으로 온라인 쇼핑몰 운영방법을 깨우친 다음 병행수입과 같은 다른 사업으로 확장해나가는 것을 추천합니다.

해외구매대행 사업이나 병행수입이나 둘다 스마트스토어에 상품을 업로드하는 것이기 때문에 로직이 같고 기존과 같이 알고 있는 지식을 활용하는 것이라 크게 어려움이 없을 것입니다.

해외구매대행 사업의 경우 배송 시간의 문제와 다양한 상품 판매와 같은 이유로 브랜딩이 거의 불가능하지만 병행수입의 경우 브랜딩도 함께 진행할 수 있습니다.

그렇다면 어떻게 해외구매대행에서 다른 사업인 병행수입으로 넘어갈 수 있을까요?

이제 그 방법을 알아보겠습니다.

① 해외구매대행 사업에서 사입판매

온라인 쇼핑몰을 운영하는 것에서 가장 중요한 사항은 판매 방식을 갖고 있는 것입니다.

지금까지 소개한 상품 판매 방식은 저가형 키워드로 상품을 노출시켜 판매하고, 판매가 이루어지면 저가형 키워드에 중형 키워드를 추가시키는 방식이었습니다.

반면 병행수입 상품을 판매하기 위해서는 저가형 키워드로만 승부 볼 수 없습니다. 외부 트래픽을 통해 판매할 수 있는 방식을 갖고 있어야 합니다.

여러분도 해외구매대행을 어느 정도 하다 보면 하나쯤은 외부 트래픽을 쏠 수 있는 이 광고판을 갖고 있게 될 텐데요. 바로 "구매대행 상품 중 베스트 셀러 상품"입니다.

앞서 "새끼 상품"을 설명할 때도 소개해 드렸지만 잘 팔리는 상품들은 분명 특정 키워드에서 상위 노출이 되고 있을 것이고, 많은 사람들이 해당 상품에 유입되고 있을 것입니다. 그러면 이 상품 상세페이지에 병행수입으로 갖고 온 상품 URL을 심는 것입니다.

구체적인 방법은 판매가 잘되는 상품이 생겼을 시(하루에 2개 이상 꾸준히 판매되는 상품이 생겼을 시) 도소매업으로 새로운 사업자를 발행하고 같은 상품을 판매하는 중국 도매업체를 찾습니다. (1688 및 알리바바 활용)

이후 해당 상품을 수입 진행하면 됩니다(한 달 판매량에 맞춤).

시간이 지나 상품을 받은 후 사진을 예쁘게 촬영하고 상세페이지 등 상품 판매 세팅을 합니다. 그 후 해당 상품 URL을 잘 판매되는 상품 상세페이지 상단에 걸어 두는 것입니다.

기존에 잘 팔리던 상품은 노출이 잘되므로 그 상품에서 오는 고객 유입수가 많으며 같은 상품에 배송까지 빠르게 보내준다고 하면 구매는 새로운 도소매 사이트에서 발생하게 됩니다.

기존 상품의 판매를 사입 상품쪽으로 계속 힘을 실어줍니다. 그렇게 되면 기존 상품은 점차 노출이 내려가고 사입 상품은 올라가게 됩니다.

이렇게 병행수입을 진행할 시에 남들보다 유리한 점은 안정적으로 사입을 진행할 수 있다는 점입니다. 또한 상품을 내가 직접 제어할 수 있기 때문에 상품명을 만들어 브랜딩을 진행하면서 장기적인 사업으로까지 이어지게 할 수 있습니다.

병행수입으로의 사업확장은 해외구매대행 사업으로 순이익 월 100만 원 이상의 수익이 발생하거나 상품 하나가 하루에 꾸준히 2개 이상 팔릴 때 고려해 보길 바랍니다.

② 해외구매대행 사업에서 위탁판매

해외구매대행 사업을 하는 판매자라면 위탁판매를 들어보았을 것입니다.

국내 도매업체나 제조업체의 상품을 위탁으로 판매하는 것인데, 이것 역시 재고 없이 판매 후 구매하여 전달하는 사업이라 이 또한 많은 사람이 부업으로 고려하고 있습니다.

하지만, 처음 사업을 하는 사람들은 좋은 상품을 받는 것이 불가능에 가까워 추천하지 않습니다. 이유는 인기 있는 상품을 처음 사업자에게 줄 도매처와 제조업체는 없기 때문입니다.

그렇지만 이 글을 읽고 있는 여러분들은 다릅니다.

해외구매대행 사업을 어느 정도 진행하면 쇼핑몰 판매액이 생기게 됩니다. 이 판매액은 도매처 및 제조업체와 협상을 가능하게 만들어주는 카드로 사용할 수 있습니다.

도매처와 제조업체는 판매력이 있는 소매상에게는 상품을 위탁으로 맡길 이유가 충분해집니다.

그러면 어떻게 해외구매대행 사업을 바탕으로 위탁을 뚫을 수 있을까요?

정답은 앞서 말한 해외구매대행 쇼핑몰 판매액을 준비하는 것입니다. 해외구매대행 쇼핑몰 판매액 자료를 저장하고 해당 자료와 사업자등록증을 준비해서 "나는 월 ○○만 원의 매출을 올리는 소매업자다. 상품이 좋아보여서 팔아 보고 싶다. 현재 자본금이 부족한데 위탁으로 주실 수 있는가?"와 같은 식으로 직접 이메일을 통해 진행하면 됩니다.

판매액이 0원인 신규 사업자에게는 줄 이유가 없지만 쇼핑몰 판매를 통해 높은 수익을 낸다면 이런 식으로 위탁으로 줄 이유가 생기는 것입니다.

이러한 방법을 긍정적인 회신이 올 때까지 반복하게 되면 하나, 둘 위탁 공급처에서 연락이 오게 됩니다.

이후로도 이러한 방법으로 차근차근 거래처를 넓혀 위탁 상품을 꾸준히 늘려가다 보면 어느새 해외구매대행 판매액보다 더 높은 매출의 위탁판매를 경험할 수 있게 됩니다.

해외구매대행으로 평생 돈벌기

n잡러시대 부캐로 방구석에서 투잡하기

초판 1쇄 발행 | 2021년 9월 24일
초판 3쇄 발행 | 2022년 6월 1일

지은이 | 이준열, 기대원
기획 편집 총괄 | 호혜정
기획 | 이지영, 김민아
교정·교열 | 오하은, 김수하, 박채송
표지·본문 디자인 | 김민정
마케팅 | 김경민, 최미남

펴낸곳 | 리텍 콘텐츠
출판등록 | 제 2011-000200호
주소 | 서울시 용산구 원효로 162 세원빌딩 606호
전화 | 02-2051-0311 **팩스** | 02-6280-0371
이메일 | ritec1@naver.com
홈페이지 | http://www.ritec.co.kr
페이스북 · 블로그 · 카카오스토리채널 | [책속의 처세]
ISBN | 979-11-86151-47-1 (03320)